麒派艺人 赵麟童

郭德纲 陈唯唯 编

中国友谊出版公司

图书在版编目（CIP）数据

麒派艺人赵麟童 / 郭德纲, 陈唯唯编 . -- 北京：
中国友谊出版公司, 2024.10. -- ISBN 978-7-5057
-5989-3

Ⅰ. K825.78

中国国家版本馆 CIP 数据核字第 2024TS4946 号

书名	麒派艺人赵麟童
作者	郭德纲　陈唯唯　编
出版	中国友谊出版公司
发行	中国友谊出版公司
经销	新华书店
印刷	天津海顺印业包装有限公司
规格	889 毫米 ×950 毫米　12 开 20 印张　100 千字
版次	2024 年 10 月第 1 版
印次	2024 年 10 月第 1 次印刷
书号	ISBN 978-7-5057-5989-3
定价	128.00 元
地址	北京市朝阳区西坝河南里 17 号楼
邮编	100028
电话	（010）64678009

如发现图书质量问题，可联系调换。质量投诉电话：010-82069336

先知一日，富贵十年

郭德纲

恩师赵麟童先生离开我们已经6年了，这本为纪念师父而做的纪念画册也终于付梓，感慨非常。

京剧麒派自周大师起，已传四代。麒二代中名家众多，俱是京剧鼎盛时期的梁柱。其中我师父赵麟童先生是与众不同的。

赵麟童先生会得多、演得好、唱得精，能编剧、能排戏、能教戏，属于全能的艺人。老话说，"不让古人，是谓有志，不让今人，是谓无量"。师父在尊重前人的基础上，推动麒派艺术往前发展。他不仅仅是继承和复制周大师的表演，更是麒二代中为数不多的创新派。京剧界把师父称为"赵大胆"，可见沧海横流，方显英雄本色。

师父是个不守旧的人。当年听了邓丽君的歌曲后，便经常思考，她的歌为什么受欢迎？哪些旋律是可以为京剧所用的？京剧老生的清板也是师父受地方戏的启发而借鉴，给京剧添了"产业"，置办了"家当"。这如同师父喝茶，他喜欢把红茶绿茶掺兑着喝，你中有我，我中有你，喝着喝着就全明白了，一念放下，万般自在。

所谓大演员，其实就是一直不断努力的小学员。

给猴一棵树，给虎一座山。艺人的价值在于他的不可替代性。今试回头，欣赏先生的艺术，真如擎杆拨日戏北斗，一轮明月照山河。

感谢师母提供了大量师父的照片，感谢师门中的亲人们写了怀念文章，感谢各路英豪对本书出版的支持。

"万事皆由天定，人生自有安排。"

"草木虽枯有本，遇春自有时来。"

弟子郭德纲顿首

似与不似之间

—

刘厚生

今年四月初，上海举行周信芳95岁诞辰纪念时，我欣赏了赵麟童的《义责王魁》《华容道》《宋士杰》以及《澶渊之盟》的一折《风雪北城》等。最近他在北京又演出了《明末遗恨》的一折《崇祯夜访》，还有《斩萧何》《未央宫》，并与董春柏、萧润增三演《宋士杰》，得到了很高评价。

麒派艺术在京剧老生行中是一个极具特色的大流派，十分难学。它不只是在艺术的某一方面显示自己的特色，而是多方面综合地发展传统，形成总体的特色。周信芳创建麒派，既强调做功也重视唱功，既强调话白也重视演唱，既强调表演上的力度也重视有节奏的松弛，既强调交流反应也重视内心情绪的表露。而他在整个表演艺术上最重要的核心是按照真实生活塑造人物性格、形象和显示规定情境、背景。同时，周信芳的表演更显示演员必须从自己的内部和外部条件出发来塑造人物。麒派注重的是由"这一个"演员来创造"这一个"形象。因此，绝不能简单理解麒派只是一种重视做功的流派，而应看作一种艺术思想，一种演剧方法。也正是因此，在麒派的追随者中往往出现这种情况：一味模仿周信芳的外形、局部，越学得像越不一定是麒派，因为没有了演员自己；而当深刻掌握了麒派思想、方法后，创造角色形象时，往往也不一定像麒派。

赵麟童的表演是高明的。他在相当高的程度上接受并实践了周信芳的麒派思想。他演麒派保留剧目，由于理解相同，自然会有一些相同或相近的动作形态、节奏变化等，但他绝不是在刻板地描红，而是根据麒派的思想、方法，从自己出发，全面地创造角色形象。对于麒派，他的一个鲜明的特点就是在似与不似之间。这正是他的高明之处：他从麒派出来，但不回到麒派里去，他掌握麒派特点，但是为己所用，他不是麒派的奴隶。比如，我看他的《义责王魁》《四进士》等戏，明显地感到他同周信芳有一个很大的不同：他的表演节奏要更快一些。而这个快又是由于他非常注意生活的真实表现，当然，也有不同程度的夸张。京剧当然不能像话剧那样写实地反映生活，但也不能完全脱离生活。

赵麟童还演了《斩萧何》，创造了一个新的萧何形象。表演上圆到而又棱角分明，很有力量。这是周信芳从来没有演过的戏，因而谁也不能说赵麟童演得像或者不像周信芳，但他确实闪耀着麒派风采。这正是他掌握了麒派思想和方法的缘故。不仅麒派，任何流派的后学者如果不能以新戏来丰富本流派的剧目和表演，仅仅靠几出流派创始人百炼成钢的戏坐吃山空，这个流派是难以发扬光大的。

这次在北京演出的还有董春柏、萧润增、张学海等麒门弟子，也有配合得很好的旦角王小军、毛剑华等麒派演员。他们都在不同程度上继承了周信芳的表演艺术，也都各有自己的特长。弘扬优秀民族文化，靠一两个流派不行。发展一个优秀的艺术流派，靠一两个学生也不够。这次赵麟童等，以一个小组从上海出发，在南京、天津、北京、济南、青岛演出，同当地的学麒者同台上戏，这是一个很好的做法。

《戏剧电影报》1990年第18期

52岁，《追韩信》，饰萧何

003 序

004 序

第一章
008 出将入相

　009 韶光 (1933—1953)
　033 深茂 (1954—1965)
　095 熠熠 (1966—1983)
　103 蕴蓄 (1984—2003)
　145 德劭 (2004—2018)

第二章
159 艺湛灵童

　159 赵麟童演艺生涯记事

第三章
207 感怀先生

003 先知一日，富贵十年

004 似与不似之间

第一章

008—158

出将入相

009
—
032

韶光

1933—1953

8岁,《追韩信》,饰萧何(左)

9岁,《投军别窑》,饰薛平贵(右)

左－13岁,麟童与二弟（右）
右－13岁,上海公园,兄弟仨（右一）

父亲赵云亭生活照

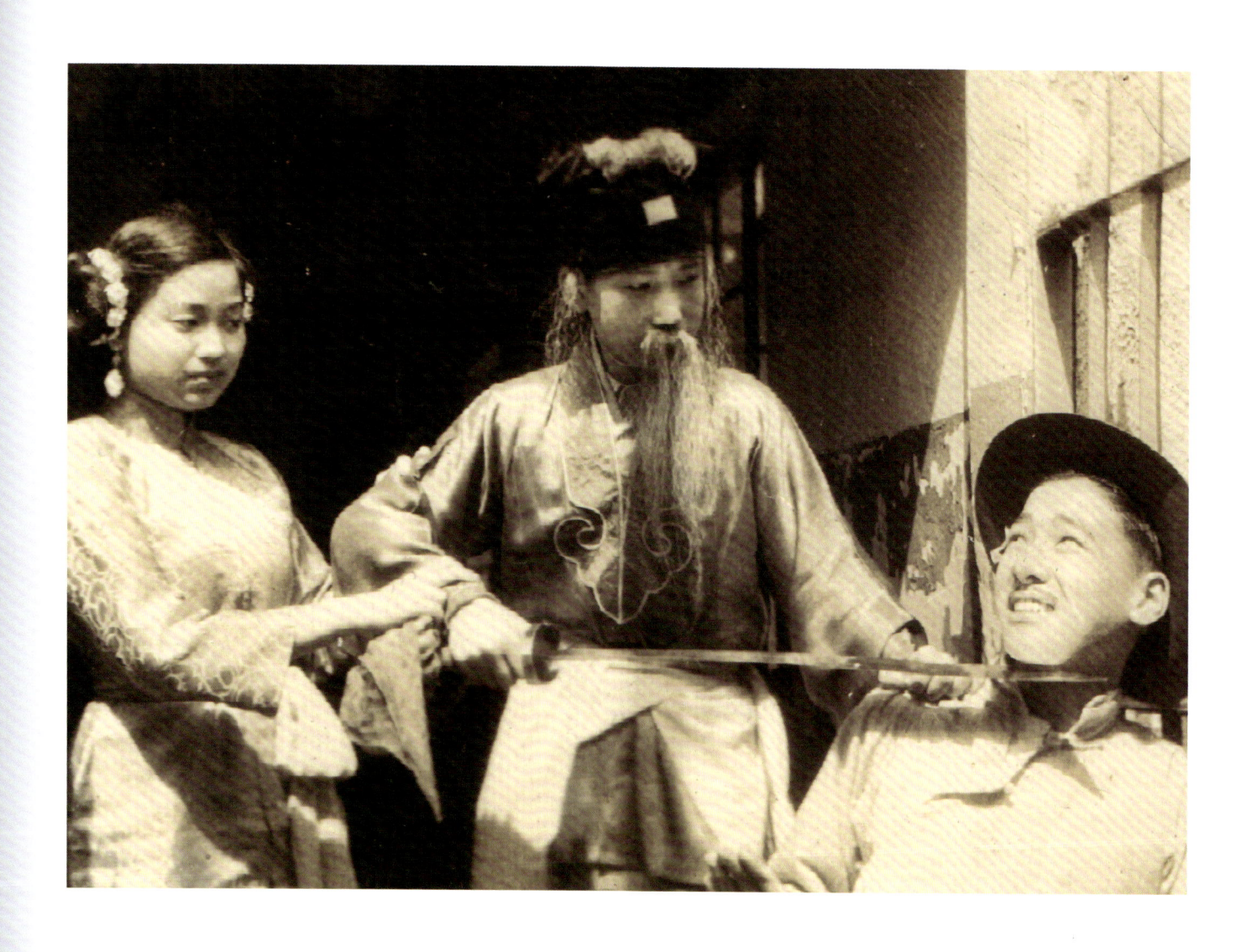

上－11岁，与同学演话剧《付渔税》剧照（右一）
右－17岁，《我扮演了"魏王"》刊在杭州《当代日报》

上、中、下 - 15岁、17岁、19岁便装照

18岁，剧目、人物不详

上 - 19岁，头本《太平天国》，饰冯云山（右）
右 - 19岁，三本《太平天国》，饰林凤祥

左 - 19岁，《秦香莲》，饰包公
右 - 19岁，《黑旋风李逵》，饰李逵

19岁，《四进士》，饰宋士杰

19岁,《黑旋风李逵》,饰李逵

左、右 - 19岁,《四进士》,饰宋士杰

左 - 20岁，《唇亡齿寒》，饰宫之奇
右 - 20岁，剧目、人物不详

左 - 20岁，《云罗山》，饰白士永
右 - 20岁，《六国封相》，饰苏秦

左、右 - 20岁,《太平天国》,饰冯云山

20岁，徐州云龙山留影

左、右－20岁，《董小宛》，饰冒辟疆

20 岁，剧目、人物不详

20岁,《疯僧扫秦》,饰疯僧

左、右－20岁,《董小宛》,饰冒辟疆

左、右 - 20岁，关羽戏照

20岁，《追韩信》，饰萧何

20岁，便装照

033
—
093

1954—1965

深茂

21岁，便装照

21岁，《还我台湾》，饰郑成功（中）

22 岁,《秦香莲》, 饰包公

22 岁，关羽戏照

新戏和老戏

一

赵麟童

在没有挖掘老剧目以前，戏曲界出现这样一种现象：老戏演来演去仅是几出，新戏数量少，有的质量还不高。这就造成了演戏的没戏演，看戏的没戏看。

自文化部召开了第一次全国戏曲剧目工作会议，指示我们打破老思想，抢救发掘传统剧目工作以来，全国各地戏曲剧团把许多久不上演的剧目搬上了舞台，使戏曲舞台上出现了百花盛开、争奇斗艳的繁荣局面。于是，在观众中就产生了这样的说法："还是看老戏过瘾哪！有的老戏是百看不厌，可是新戏看一两遍就够了。"同时在艺人中也出现了一种想法：还是老戏卖钱哪（特别是连台本戏）。我认为上面的反映有其对的一面，也有片面的地方。就剧本来说，新剧本在故事情节、表现手法、艺术技巧等方面，有的的确不如老戏的水平，但大部分的新剧本主题鲜明、思想性强，也有其一定的优点。当然，不可否认也有一定的缺点。首先，由于作者还没有很好地掌握传统的表现手法和编剧方法，政治性、思想性虽然强，却写得枯燥无味，演员演时使不上劲，观众看了也不够劲。其次，唱词不顺溜，调用得不当，上下句不清楚，故事情节单调，等等。尽管如此，新剧本毕竟是新剧本，我们不能要求它一出世就十全十美、完美无缺。许多老戏也并不是一下子就像今天这样完美的，如《四郎探母》《追韩信》《失空斩》《贵妃醉酒》等，都是经过多少年、多少次、多少艺人的创造，千锤百炼后才有今天这样的水平的。

从表演上来说，仅仅几年就想一下子让所有的新戏达到老戏的演出水平是不可能的。这要求我们这一代同志像前辈们一样地刻苦钻研，如果把一出新戏也钻研、修改、锤炼到一定程度，我相信其艺术质量也能达到老戏的水平，而今天既然有前辈积累起来的经验可学，若再下些功夫，完全有超出前人表演水平的可能。

最后，我想谈谈剧作家、舞台实践和演员的关系问题。我认为，剧作家要紧密结合舞台实践，同艺人合作，通过常观摩、整理等办法来学习传统，尤其在挖掘整出老剧目时，正是剧作家向传统学习的好机会，也是我们新老文艺工作者合作的好机会。我认为，向传统学习——大量地整理传统剧目，是给创作新剧本铺平道路和创造条件的唯一办法。因此，我希望作家同志们大力帮助艺人整理改编传统剧目，为我们的后一代留下具有丰富的思想内容和高度艺术水平的宝贵戏曲遗产，这一艰巨的任务需要我们新老文艺工作者密切合作，也就是作者与演员之间要建立亲密的联系，才能实现。我们不能光从祖先那里接受一些东西，而对自己的子孙们一无所传。

1957 年

23 岁，北京北海公园留影

23岁,《东郭先生》,饰东郭先生

23岁,《十五贯》,饰况钟(前排右一)

22岁，《天河配》，饰牛郎

上 - 22岁，与友人在北京颐和园留影（右一）
下 - 23岁，在辽阳白塔前与友人合影（后排左三）

左、右 - 23岁,《秦香莲》,饰王延龄

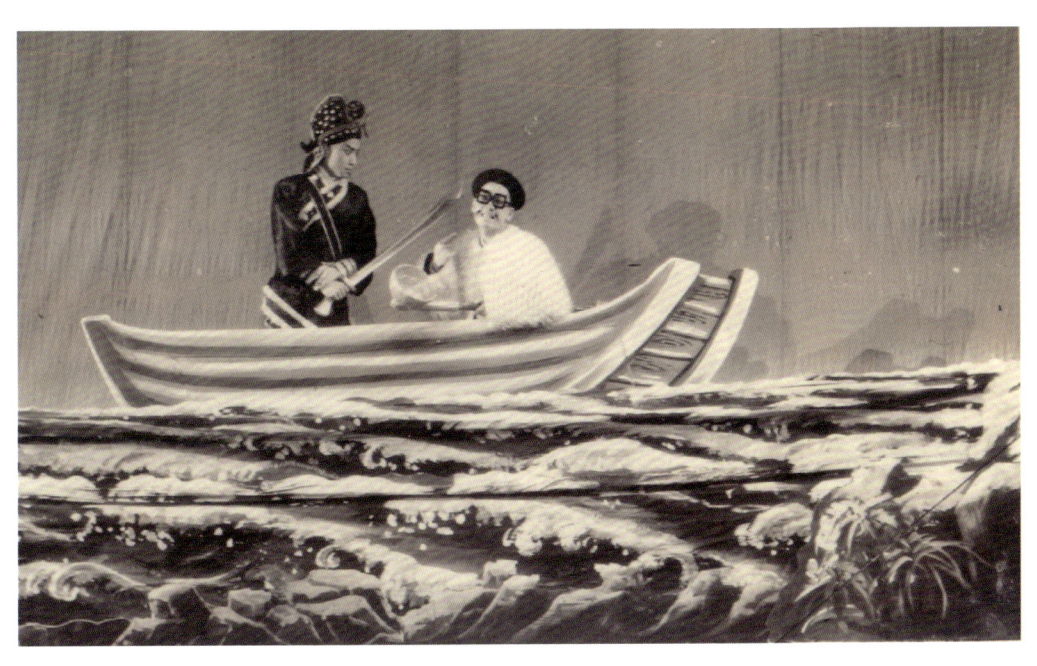

上 - 24岁,《欧阳德》,饰欧阳德(右)
下 - 24岁,《欧阳德》,饰欧阳德

上、下 - 24 岁,《欧阳德》,饰欧阳德(戴眼镜者)

上、下 - 24岁，《欧阳德》，饰欧阳德（戴眼镜者）

上、下 - 24岁,《欧阳德》,饰欧阳德(戴眼镜者)

24岁,《古城会》,饰关羽

上 - 21岁,《水泊梁山》,饰李逵(前排左一单腿跪姿)
下 - 21岁,《水泊梁山》,饰李逵(左一)

上 - 《水泊梁山》其他演员剧照
下 - 21岁，《水泊梁山》，饰李逵（左一）

21岁,《黑旋风李逵》 饰李逵(左),老刘汉臣饰王林

上 - 23岁，便装照
下 - 25岁，便装照

左、右 - 25岁,《张文祥刺马》,饰张文祥(右)

上 - 25岁,《张文祥刺马》,饰张文祥(右二)
下 - 25岁,《张文祥刺马》,饰张文祥(右二)

25岁,《雪岭苍松》,饰李升
上 – "走雪山"
下 – "旅店查房"(中)

25岁，《雪岭苍松》，饰李升
上 - "地室酷刑"
下 - "劈狗"

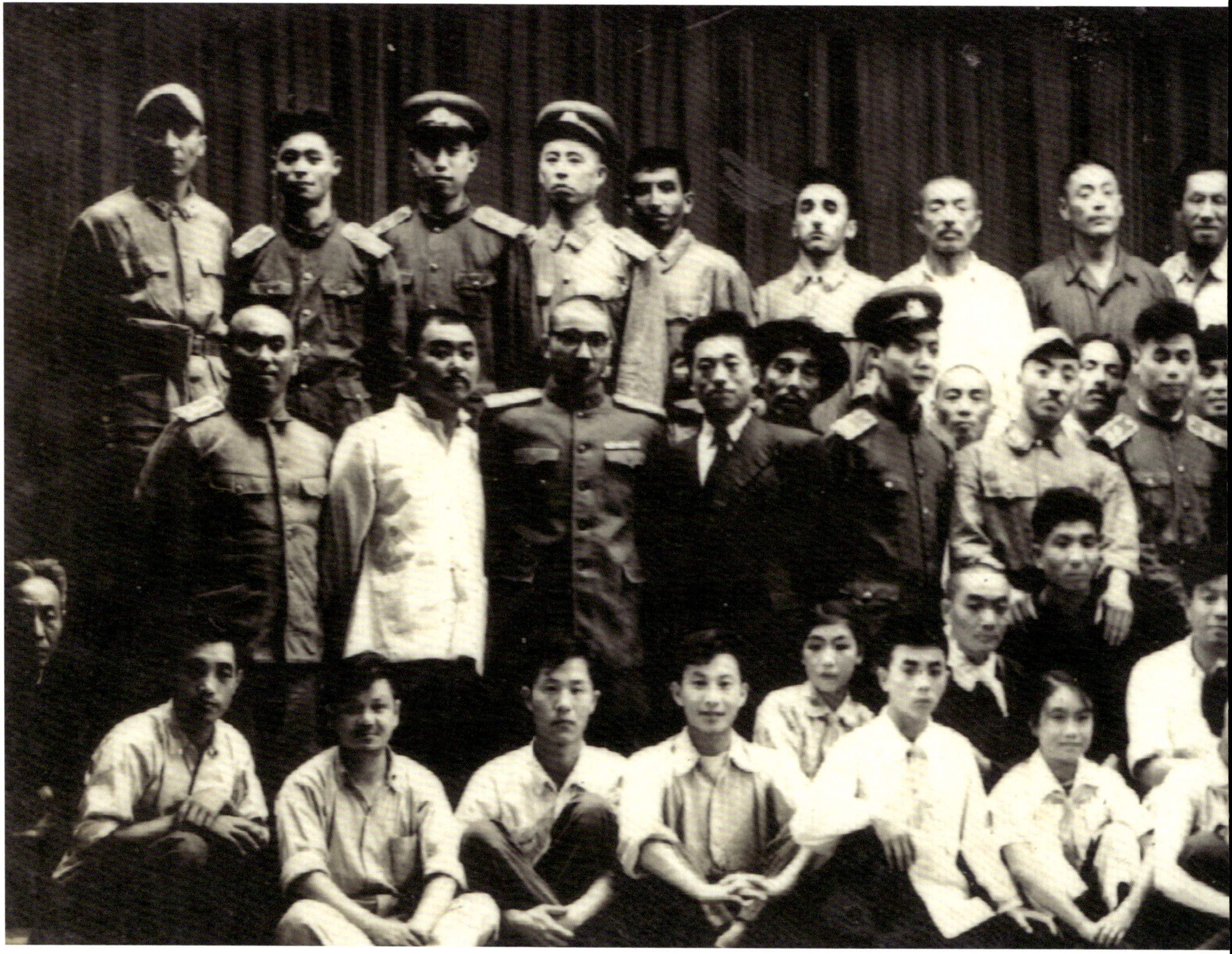

25岁，佳木斯京剧团《雪岭苍松》全体演职员与剧中原型李老合影（中心位二排右一）

我扮演钢铁老人的感受

赵麟童

我愉快地接受了扮演"钢铁老人"的光荣任务，怀着满腔的热情进行了第一次排练。但是排完戏之后，同志们提出了外形戏多、内心戏少的意见。我自己也觉得，由于长时间地生活在舞台上，缺乏实践斗争经验，要刻画革命老人的英雄形象，确实有许多困难。

为了深刻细致地刻画"钢铁老人"的性格，我们去访问了李老。

访问中，不但使我们熟悉了李老的外貌，为艺术造型提供了条件，更重要的是熟悉了他的性格。有几句对话给我的印象是很深刻的。我们把剧本读给他听了之后，他说：

"我没有两个儿子，就一个。不叫生子，叫德子。"

"你们这样化装，演《星星之火》给我穿上件皮袄，我不同意。那时候，破衣服都穿不上，哪来的皮袄？"

"我那时，有根长烟袋，装五斤酒的大酒瓶，还有一把小斧子。"

李老说话的口气很倔强，我的眼前马上显现出一位白发老人，为了抗日的胜利，为了祖国的明天，艰难地奔走在白山黑水之间。他在敌人的法庭上，强硬地对付着万恶的敌人，他有共产党员的一副敲不碎、折不弯的硬骨头。

彩排时，又请来了李老。他看完和我们合影的时候，饰敌人翻译的王玉昆正站在他的身旁，他恶狠狠地将他推开……当场的同志都被老人家这种对敌人恨之入骨的气节所震撼，受到了很大的教育。

通过访问和与李老的几次接触，有股不可遏止的力量促使我一定要演好这出戏。不演好这出戏，对不起党，对不起李老。在这种情感的支使下，我根据已得的印象又下番苦功，修正剧本，重新刻画了人物。

我演传统剧目多年，从来没受过这样深刻的教育，有过这样强烈的阶级感情。演现代戏，不但能现实地、直接地对观众进行思想教育，而且也能对演员本身进行思想改造。为此，我要继续深入工农、熟悉生活，培植劳动人民的思想感情，塑造出更多更好的劳动人民的形象来。

1958 年 11 月 于佳木斯

左－25岁,《雪岭苍松》,饰李升
右－25岁,与《雪岭苍松》原型李老的合影(左)

左 - 25岁，在开封与当地剧团交流合影
右 - 25岁，在开封与当地剧团交流合影（前排中）

25岁，在哈尔滨露天演出，《扫松下书》，饰张广才（左）

左 - 25 岁，饰包公
右 - 25 岁，二本《太平天国》，饰李秀成

24岁,《未央宫》,饰韩信

26 岁，在杭州乌龙巷老宅弄堂留影

26岁,《林则徐》,饰林则徐

26岁,《林则徐》,饰林则徐
上－"赴任"(中)
中－"私访"(左三)
下－"烧烟"(中)

左 - 27岁,《将相和》,饰廉颇(左),宋宝罗饰蔺相如
右 - 27岁,《将相和》,饰廉颇

上、下 - 28岁,《追韩信》,饰萧何

28岁,《追韩信》, 饰萧何

27岁,下乡割稻

27岁，赴浙江舟山慰问部队。露天演出《扫松下书》，饰张广才（左），张洪文饰李旺

27岁，便装照

28岁，便装照

左、右 - 29岁,《济公大闹秦相府》,饰济公

上 - 29岁,《济公大闹秦相府》, 其他演员剧照
下 - 29岁,《济公大闹秦相府》, 饰济公(后排桌上)

上 - 29岁，《济公大闹秦相府》，饰济公（右一）
下 - 29岁，《济公大闹秦相府》，饰济公（左三高处）

杭州京剧团演出 红旗谱剧情简介

庆祝元旦

杭州京剧团改编　赵令童执笔

解放前，滹沱河两岸的农民，和全国广大农民一样，被恶霸地主压榨得透不过气来。

锁井镇地主冯兰池称霸一方，勾结军阀、官府，横行乡里。农民为了争取生存，反抗压榨，世世代代与地主们结了深刻的阶级仇恨，与地主官府的斗争，时激时缓，从未间断。恶霸地主冯兰池为了吞占滹沱河边四十八村的四十八亩护堤的公地，阴谋把铸有公产标志的大锺砸碎卖掉，以达到灭口失证。农民英雄朱老巩为维护农民利益，挺身而出，当场揭穿了恶霸的阴谋，使冯兰池狼狈不堪。后冯兰池用调虎离山之计，　　老巩，砸碎了大锺，又放出走狗们把老巩打伤致死。冯兰池为除后患，又命走狗们深夜至老巩家欲行凶，杀害朱老巩之子小虎子，虎子闻讯逃脱，朱老巩之女，灵姐被污，投河而死。

冯兰池凶焰得逞，益加猖狂，严老祥（老巩之好友）等许多农民敢怒而不敢言，在地主的虎视之下，又生活了廿余年。

二十五年后，朱老忠（朱老巩之子即小虎子）由关东携妻带子，辗转回乡，从此这一带农民的斗争有了坚强的骨干，然而地主势力暂居优势，朱老忠认为不宜轻举妄动。冯兰池乃加强迫害，将朱老忠之子抓去当兵。严志和之子运涛也由于蒋介石大施捕害共产党人，而被捕入狱。冯兰池又乘机逼志和卖掉三百宝地，严志和和广大农民被逼得走投无路，喊出了不造反活不下去的口号。在这困难的时刻，党派来贾湘农领导农民斗争，农民们乃拨云见日，斗志益坚。正在这一触即发之时，冯兰池还勾结官府增设"割头税"进行勒索，农民们忍无可忍，在党的领导下大闹了县衙，迫使其立即写布告消除了"割头税"，答应了农民的合理要求。锁井镇农民斗争取得了最初的胜利，他们高呼共产党万岁，一路红旗招展，浩浩荡荡。

在红旗谱中看到了在漫长的黑暗统治年代，老一代的革命农民向反动势力冲锋陷阵的悲壮历史。在朱老忠身上集中地体现了农民对地主的世世代代的阶级仇恨，体现了为党所启发、所鼓励的农民的革命要求。

左 - 29岁，《红旗谱》，饰朱老忠
右 - 演出附赠剧情介绍页，"赵令童"即赵麟童

左 - 29岁,《精忠传》,饰岳飞
右 - 29岁,《精忠传》,饰岳飞(右)

080

29岁,《精忠传》,饰岳飞

29岁,《追韩信》,饰萧何

29岁,《三国志》,饰鲁肃(右)

31岁，便装照

31 岁，便装照

31岁,《智取威虎山》,饰少剑波

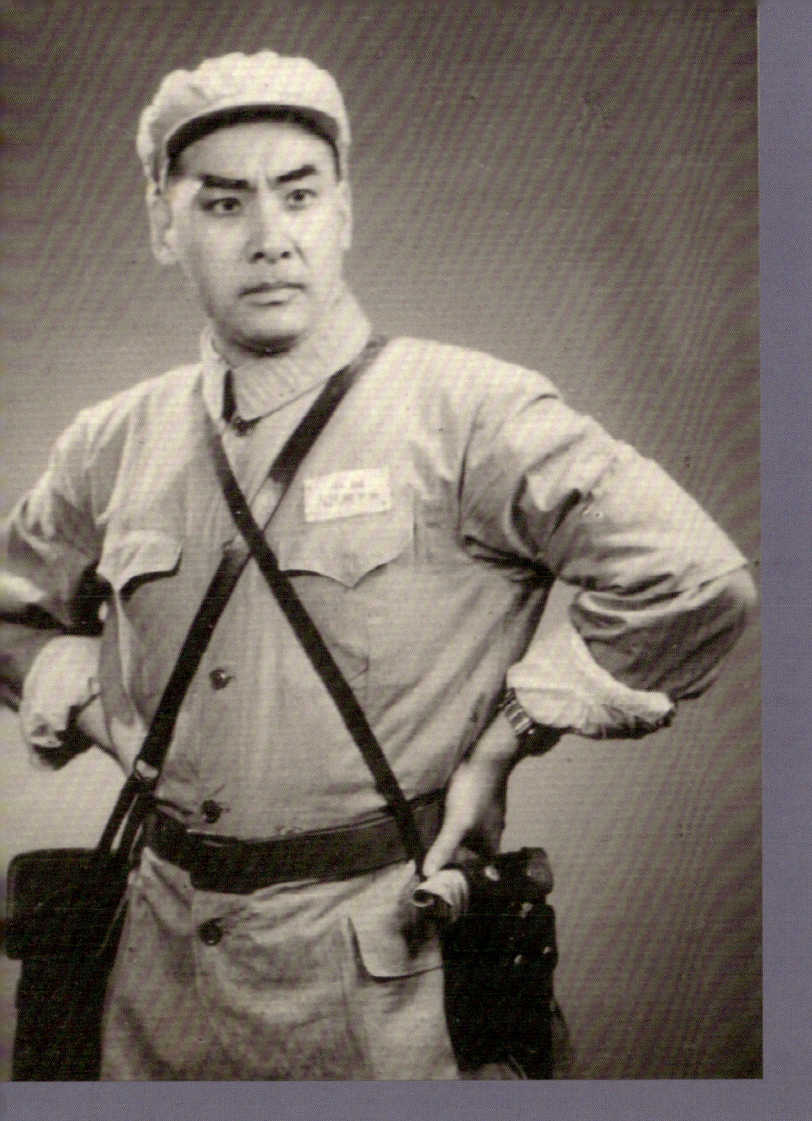

左 - 30岁,《霓虹灯下的哨兵》,饰鲁大成
右 - 31岁,《首战平型关》,饰杨海波

我是这样创编现代戏的

一

赵麟童

我是个很年轻的戏曲演员，在文化艺术、政治觉悟方面都没有突出表现。我是从小就学老戏、演老戏长大的。可以说对现代戏一点经验都没有。我觉得，京剧现代戏的发展要比其他兄弟剧种晚了些，但相信在党的领导下，也会很快赶上其他兄弟剧种。破除了迷信，解放了思想，我也大胆写了剧本。我改编了京剧《刘介梅》《一定要解放台湾》，创作了《钢铁老人》《千难万险》。这几个剧本在开始写的时候，也遇到不少问题。我先研究了一下风格和形式的问题，不把风格、形式确定好，是没法往下写剧本的。在武打、唱做、布景、音乐各个方面如果处理不恰当的话，一定会使导演、演员束手无策。特别是京剧剧本，老戏里大将一上场讲究"超霸"，现代戏里解放军一上场也起个大霸，迈个四方步，我想就不太好，是不是就不能用了呢？是把传统的东西挑选一下，改编创作后再用，还是生搬硬套呢？我认为有的东西不用大改也可以运用，但是有的就不一定合适。想起我幼年时，看过赵如泉老先生演出《就是我》《阎瑞生》等京剧时装戏，有几个场面直到现在我还有印象，他们完全是运用了京剧手眼身法步、唱做念打，除了服装不同，其他都是京剧风格，你怎么看它也像京剧。所以我想歌剧应该像歌剧、评剧应该像评剧，我们京剧演现代戏也应该像京剧。特别是京剧《白毛女》的演出，对我有很大的启发，最后我决定用京剧传统表演技巧演现代戏。无论在表演、音乐、布景等各个方面，京剧传统技艺里能找到便尽量使用，实在找不到再吸取其他兄弟剧种的东西。如《钢铁老人》里王良就义的枪声，在传统京剧里就没有，那只好用话剧手法来配。但有些地方，京剧的条件就优越一些。如第一场李升一上场的几句唱词和自报家门介绍自己的念白；第三场诉说李升在苏联亲眼看到红军革命胜利，这些用数板和慢流水介绍出来，这种倒插笔的手法，就精练了场子，也符合了京剧风格。

确定了故事题材，还要把剧情集中起来归纳到一个或两个主演身上。人物太多了会引起琐碎分散的现象。然后根据剧中人物给他们分划成生、旦、净、末、丑各个行当。行当也是京剧的传统，京剧每个行当无论在表演技巧还是其他方面都有它的一套风格，也就是特点，如《钢铁老人》李升固定为生行，李升妻是老旦行；《千难万险》里的李长寿是武生行……确定了这些，再按照每个人的性格、每个行当的特点开始写剧本台词。一般歌剧、话剧分场分幕，京剧都是连场，一场幕里一场幕外，这种连场处理是戏剧传统风格，这样的连场演出也为演员换布景道具留下了充分时间。但也不能为连场而连场，一定使幕里幕外戏的分量均匀，写这几个剧本时我大致都是这样的。每当写完一场戏，我总要让全部的角色在我脑子里过一回，回味一下整场剧的面貌，像不像京剧，有没有京剧味道。导演、演员，排这个戏有什么困难，是否合适，如有不合适的地方，立即修改，然后在表演动作和唱腔上，如"西皮""二黄"等作个初步确定，再谈一下每场戏的后尾问题。《钢铁老人》这出戏里基本上是保留了上下场的规矩，有的场子也用了急落幕的手法。如李升受刑一场的最后一段台词，"我要皱一皱眉头，就算不了是一个共产党员"就是运用老戏《天霸拜山》的手法。最后"通红的烙铁烫在李升身上全场灭灯，火盆的火照在宁死不屈的七八十岁的老人李升脸上"幕落。这样处理是否话剧化了呢？不，我认为很接近京剧风格，京剧讲"亮相"。这种亮相非常突出人物，能加强观众对人物的印象，可以最后让演员亮一个相。再就是抓住重点场子，给主要人物安上大段唱词，让演员充分发挥表演技巧，如《钢铁老人》的第一场是个重点场子，因为戏的头一场最要紧，跟观众一见面就把矛盾送进观众脑子里，使观众对第一场戏有非看不可的心情，这样一场连一场扣下去，观众的思绪始终不会溜号。如果第一场扣不住人，以下的戏就比较难提气，头一场打好基础，往下戏也就好演了。戏的中心也很要紧，"查店""叛变"也是重点场子，"张立山叛变"之后开始剧中休息，使观众为抗联部队担着心，急于看以后的场子，这样一直发展到最后越狱，打死叛徒张立山、汉奸花班超就显得更有力。其他一般场子也不能马虎，使它场场有戏、幕幕精彩。剧本初稿写完了还要请大家开会讨论，这样做的目的是人多主意多，经过讨论，提出各人不同的意见进行几次修改，然后是边排边改，边演边改。《钢铁老人》原著没有多少故事，只是说他到俄国做工时看见红军革命，回到中国参加了抗日工作，直到胜利。情节很简单，故事性也不太强，写起来很困难。但给我的感觉是这位老人忠心于党的革命斗争事业应当写，还要写好。因此，我想了一个逢人便问的办法，哪怕是关于他一点一滴的小事都要记下来，再把琐碎的故事归纳在一起，把五个人的事归纳到一个或两个人身上，在李升周围也虚构了一些人物，如冯仲云同志代表党，他引导李升参加了革命；在队伍里出现的叛徒张立山和汉奸花班超；代表日本帝国主义的厅长山田等。

  这个剧本的写成，应该归功于党。就拿我来说，8岁*学艺，9岁登台，一直到现在，既没有参加过抗联，又没有在部队里生活过，连枪怎么拿我都不懂，那怎么能写出这样一个大戏来呢？无疑，这是党的培养，群众大力帮助的结果。

1958 年 11 月 于佳木斯

---

*先生自己的创作中，多用虚岁。本书其他位置的年龄标注均为周岁。——编者注

31岁，《首战平型关》演出体会。（连续摄影）

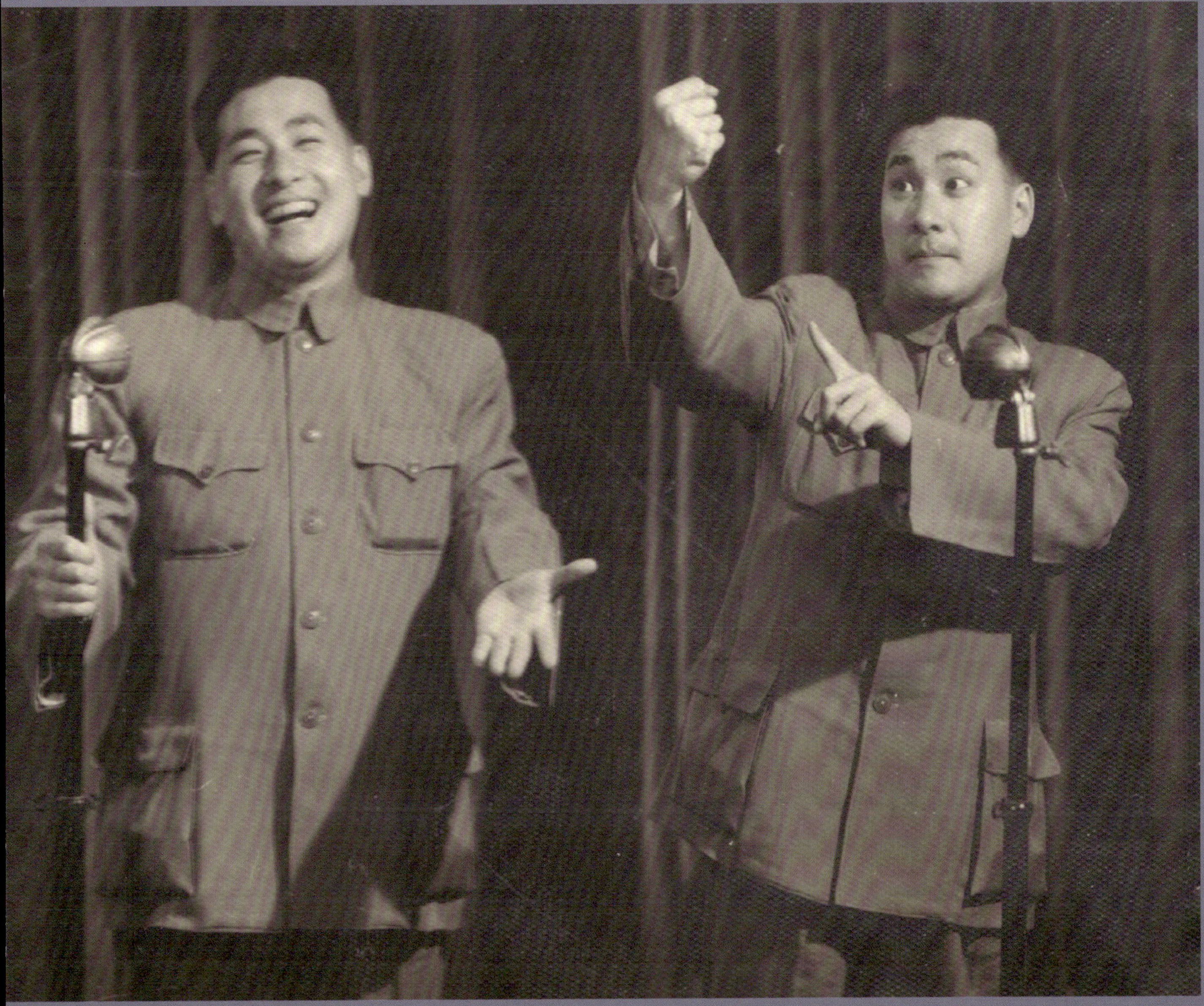

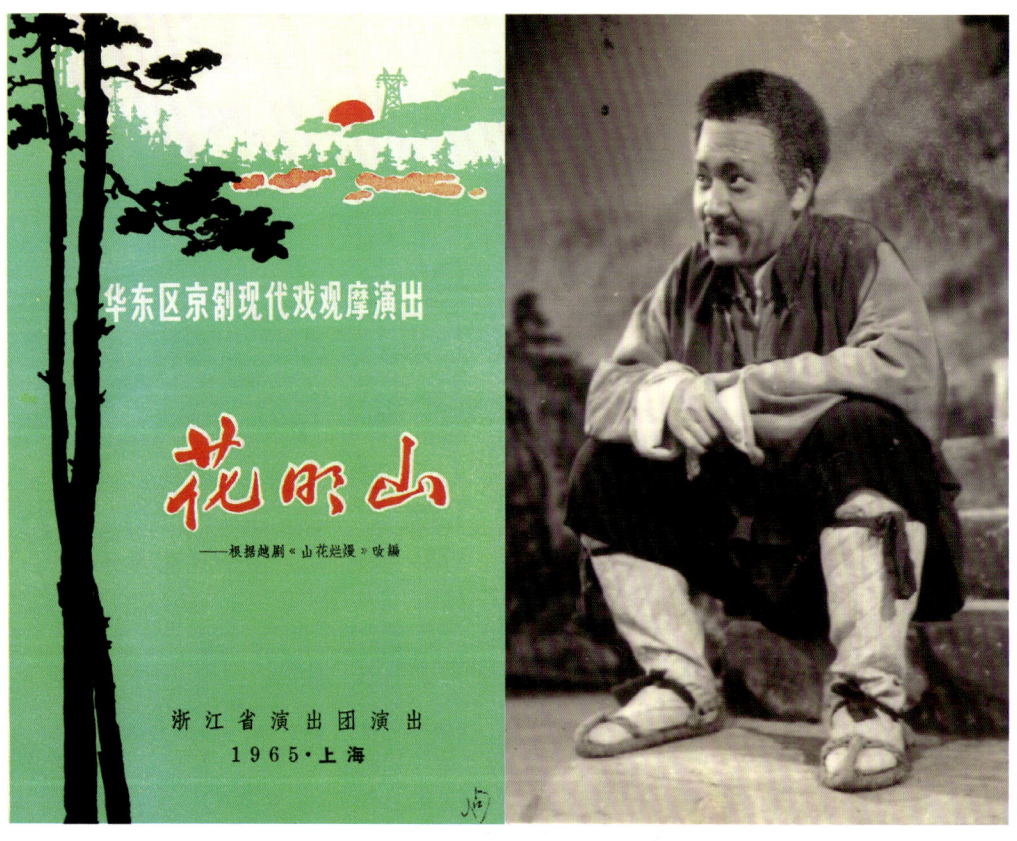

上 - 31岁，《社长的女儿》，饰社长
下 - 32岁，《花明山》，饰老井生

32岁,《红灯记》,饰李玉和

熠熠

1966—1983

上左 - 33岁，便装照
上右 - 36岁，便装照
下左 - 40岁，便装照
下右 - 46岁，便装照

40岁，《红灯记·赴宴斗鸠山》，饰李玉和（左），张洪文饰鸠山

47岁,《甘露寺》,饰乔玄

47岁,《包拯斩国舅》,饰包拯

48岁，《济公火烧凤凰岭》，饰济公（左），孙吗咪饰钱塘县令

50岁，便装照

蕴蓄

1984—2003

103
—
144

51岁,《追韩信》,饰萧何(左),张建新饰韩信

51岁,《追韩信》,饰萧何

在我第一次"追韩信"的时候

赵麟童

在京剧舞台上,我"追韩信"已追了四十五个年头了,可第一次"追韩信"的情景至今记忆犹新。

我7岁开始学戏,那时我啥都学,可都学得不怎么样,直到有一天,我看到了艺术大师周信芳(麒麟童)的演出,才使我对京剧真正地痴迷了。

那天周信芳演的就是《追韩信》,我们演戏的有句行话,叫作"千学不如一看,千看不如一演"。那一看我仿佛突然明白了许多许多,当时的我不能说出什么道道来,只知道他的一招一式都"有劲",非常足,特别对我的胃口。看完戏回家的路上,我一边走一边就学着唱做起来。这以后,只要我打听到周信芳演戏的消息,无论如何都要去看,拿我师父的话说,还真有点"追韩信"的劲头。

一年以后,我就开始挂牌演出《追韩信》了。第一次演出是在什么地点我已记不清,总之是在一次堂会上。身高不过一米二的我,身着戏袍,戴着长长的髯口,高唱着我并不理解的台词:"褒中久困,何日里,才定三秦——"随着一阵铿锵的锣鼓声,英武万分地上得台去,笑眯眯一个亮相,竟博得个满堂彩。

后来我才知那个亮相全错了,那时刘邦的队伍久困褒中,找不到合适的大将军,众人焦虑万分,哪能笑得出来呢!

想起来那时我从唱到做都是学的周信芳。周先生表现人物性格的手段特别多,就拿脸部表情来说,本来嘛,上了头套,装了胡子,表演余地不是很大了,但他照样能演出无尽的花样来。一把长须,他就有弹、挑、抖、甩、捋、吹等做功,怒气冲冲时将胡子吹成一条水平的直线,这是他的绝招。周先生的表演从头至尾都能抓人,哪怕是背朝观众也有戏,也能博得掌声。读韩信墙上题诗的那一段,整个儿是背朝观众的,但他演得精彩极了。随着心情的紧张,他的头上下上下地越来越快。背在身后的两手又突然拎起来,仿佛是神经抽动。最后他两肩一耸,配上急骤的锣鼓,这时连最迟钝的观众也知道大事不好了。

8岁的我当然不能深刻领悟周先生表演的内涵,但一个8岁孩子的模仿能力也许是最强的。在这之前,每一次观看周信芳《追韩信》,回来后我都久久无法入睡,将我看到的东西细细地嚼碎了咽下去。在这第一次"追韩信"的时候,我便通通用了出来。演完后人家说:"哟,这孩子学得还真像!"

也许我当时学得是有些像,但我那时绝不能理解麒派艺术的魅力真正之所在。周信芳之为大师,最重要的是他的开拓创新精神。直到我"追韩信"追了四十几个年头,直到1986年,我到上海去演我的《追韩信》,从剧本整理、表演手法、唱腔、灯光、布景各方面都做了尝试性的突破,直到上海16家报刊开座谈会、写文章,称我为"赵大胆",麒派权威们对我的突破作出了相当高的评价,那时我才敢说,我是真正地理解并学习了艺术大师周信芳。

1988年1月20日《杭州日报》第四版

左、右 - 52岁,《未央宫》, 饰韩信

51岁,《楚汉相争》,饰张良

上 - 52岁,《楚汉相争》,饰张良(左一)
下 - 52岁,《楚汉相争》,饰萧何(右二)

52岁,《未央宫》,饰韩信(左一),单星梅饰吕后

52岁，《未央宫》，饰韩信

52岁，《未央宫》，饰韩信

54岁,《路遥知马力》,饰路遥(右),贾乐平饰马力

53岁,《宋士杰》,饰宋士杰(前排右一),郭德发饰顾读

53岁,《宋士杰·盗书》,饰宋士杰

漫谈我见过的好角儿好戏

一

赵麟童

我学麒派，在似与不似之间。这是刘厚生老对我的鞭策。其实从学戏那天起，我都是学麒派、演麒派。

我师父叫黄胜芳，是唱摔打花脸的，那个时候的老艺人要求会的得多，为什么呢？会得多的人饿不死啊。而且生旦净丑，他都能教，所以我投了黄老师之后，从练功到学戏，一直到吊嗓，都是跟他一个人学。这位老先生是相当不错的，而且为人也很好。有一天我师父突然说："走，我带你看戏去。"看谁呢？我印象很深，看的是麒老牌的《追韩信》。散了戏我师父带我回家，我自己下意识地模仿，我师父在旁边看着，说这小孩跟这行有点缘分。从那开始，他给我说了两出戏：一出是《追韩信》，另一出是《投军别窑》。我到现在还珍藏着9岁、10岁时演《追韩信》和《投军别窑》的戏照。后来我就往麒派的路上奔，几十年如一日。

上海是个风云际会的好地方，各路的英雄都聚集在这儿。所以那个时候戏也多，我看得多，听说得多，在某种程度上来说，我的戏曲营养比较好。

那个时候上海多少麒派老生啊，像陈鹤峰，这是大家啊，还有高百岁、李如春、杨宝童、徐鸿培等。我印象比较深的是当时上海有几出大戏。

一个就是周信芳大师跟黄桂秋老先生合作演出的全本《临江驿》。他的《临江驿》与众不同，他上场跟其他演员的扮相完全两样，别人是老斗衣、腰包，他不是，他是完全定制的：白底蓝花小袄子，他不系腰包带子，系个月牙状的钱袋子，裙子也是一色的白底蓝花的，上面是吊搭，下面是海涛，草帽配蓑衣，因为《临江驿》第一场下大雨嘛，穿上非常好看；脸是搓脸，戴的髯口是黪的；他不拿船桨，拿橹、摇橹。所以他有很多舞蹈，都很漂亮，我记忆深刻。还有一出就是《路遥知马力》，每个星期天的白天，他都要贴全本的《路遥知马力》。

在这期间，我还看过盖叫天、叶盛章的《三岔口》，那确实过瘾，我就思考为什么他们两个能合作得这么珠联璧合，打得那么精彩，而别人演《三岔口》为什么没法看，我总想把这个为什么找出来。我还很愿意和老艺人聊天，在他们是无心说，我却是有心听，总能学到玩意儿，不会白聊天的。我记得有一位老艺人跟我聊天，那个时候他已经五六十岁了，他说在他小的时候，看见一个老先生演《徐策跑城》，有一笑，就在"紫禁城杀一个乱纷纷"后，他突然停住了，一阵笑，抓袖，一个拧身，然后接着跑，这个老先生说这笑非常精彩。我问有讲吗，他说有讲。整个薛家将的故事，忠臣良将，薛家几百口都被杀了，气氛都是很压抑的，看戏的心情也非常压抑。一直等到韩山来人，爷儿俩见面后上殿保本，不骑马、不坐轿，这越说越有劲，越走越兴奋，这说明他们情绪已经起来了，最后想到，到那个时候可以杀一个乱纷纷。此前一直没笑过，想到接下来的这个结果，他才放出声来笑。我认为老先生的分析很有道理。后来我就想，我能不能用呢？因为这跟现在周信芳大师的电影《徐策跑城》的处理是不一样的，那里没有这一笑，但是我经过深思熟虑，还是用上了，大伙都说这一笑用得好，用得合适。

我还看过高百岁演的麒派戏。他的唱腔跟麒老牌不完全一样，他嗓子好，有时候唱腔都往高里走，最明显的是《打严嵩》这出戏。但是麒老牌也没有批评他，而且还鼓励高百岁老先生。我认为高百岁是对的，他学的是精神。后来看陈鹤峰的戏，他也是唱麒派的，唱得比高百岁味儿还足。所以从这几位老先生看来，学麒派不要把嗓子憋哑了，不一定要死学，要发挥自己的长处。周大师是把他的前辈的好都集中在一个人身上，他用非常特殊的手段，来弥补他嗓音的沙哑，这就了不起了，就非常高了。

后来我北上，这么多年下来，确实知识长了不少。我记忆犹新的就是在天津，我和刘汉臣老先生合作全本《风波亭》，一出戏我们俩一人一半，他从《朱仙镇》一直到《接旨批王横》，下来我从《扒皮拷》接，一直到《疯僧扫秦》。说起刘汉臣老先生，他的特点是扮相漂亮功底好。他的拿手戏叫《麒麟山》，有白口，有做功，还有武打。我记得第一次到天津打炮的时候，我们俩合演《黑旋风李逵》，我演李逵，他演王林。他跟我说："你得铆上，你要是砸在我这个老头子脸上，你好意思吗？"我不明白这个话是什么意思。他说："爷儿们你铆上，我也铆上，咱爷儿俩都铆上，场子热乎乎的，观众一高兴，咱俩都对了。"他是用这种鼓励的方式，要我认真演出。这是我跟刘汉臣老先生合作当中的趣事。

后来我和赵松樵合作，到长春、锦州、沈阳演出，我们爷儿俩一直演到北京。赵老最好的戏那得说《斩颜良》，到今天为止我没有看到第二个人超过赵老的《斩颜良》。他又瘦又小，他没有勾大脸，也没有扎大靠，他是改良版的颜良。有一次在天蟾舞台，他跟唐韵笙唐老将合作唱这出《斩颜良》，他说别人的颜良都扎大靠，他个头又小人又瘦，又在上海天蟾跟唐老将合作，他的压力不小啊，得来个别开生面的。结果有一天他跑到天蟾舞台，那儿有个会馆，门上贴了两个门神，很矮很有相，他受启发了，就开始创造颜良这个角色。当然他这个颜良给我的感觉确实新鲜，个儿不高，但是三寸厚底，胖袄一直垫到耳朵这儿，大额子上面两个老虎头，翎子，狐狸尾，大扎巾，他个儿矮没有戴老虎盔，所以扎巾特高，整个脸黑紫黑紫的，就是当中拿起粉笔来戳了一个大钩，从台底下看上去，这个脸好像还戴着个脸似的，特有相。八个曹八将扎着大靠四面一站啊，就给你虎落羊群的感觉。最后下场抹完脖子，单腿磕子，而且他九个鼻的大刀特别大，这个颜良给观众留下很深的印象。赵松樵的这出戏提醒了我，一个演员不仅仅要学戏、要演戏，还要创造戏，要创造角色。

再说唐韵笙唐老将。我跟唐老将在安东唱过一次"会戏"。我唱《追韩信》一折，他唱《走麦城》一折。后来我有不少戏，不少玩意儿，都是唐老将指教我的。比如我后来演出的《寇莱公》，其中有一折《背靴》，就是学的唐老将的。还有我现在演出的《未央宫》，我是三个路子，第一个路子是从刘汉臣那儿学过来的，第三场抹脖子自刎，他学的是小杨月楼，所以这三分之一是小杨月楼的；还有一半，我学的唐老将的，我觉得唐老将的"比古"非常有味道；后来白玉昆这出戏的路子我也学。

要说白玉昆，他最大的特点就是嘴里的功夫好，嘴皮子有劲儿。我打个比方，他那个字一出来就像子弹能打到最后一排，而且他的每一出戏几乎都有一段精彩的念白，这段念白嗒嗒嗒念完，就有可堂好。

我很钦佩白玉昆老先生，他的白口那是了不起的，"千斤话白四两唱"，白口的难度不比唱的简单，白口戏没有锣鼓点，完全靠演员一口气下来。还有一点我不能不强调的，编剧在写台词的时候，要讲究仄韵对仗，包括四声、章法排句，那都要非常讲究。如果对仗不好，排句不顺，任何演员都没法念的。比如说《走麦城》"劝君"最后那一段："为武将者，必须要懂得攻杀战守，运筹帷幄之中，决胜千里之外，逢高山莫先登，遇空营莫乱入，高防困守，低防水淹。"这些地方做个引子，还不是卖白口，白口也有起承转合，这个是起，到中间这一段转一转，最后才能合上。"松林防埋伏，芦苇防火攻，在朝天子宣，出外将军令。令出山摇动，严法鬼神惊，知己知彼，方能百战百胜。有功则赏，有罪则罚。将在谋而不在勇，兵在精而不在多。"像这种白口戏，演员就非常难掌握，这就是一口气吃功，没有锣鼓点，没有音乐，没有过门，全靠嘴皮子的功夫。还有一个我们现在看的现代戏《杜鹃山》，白口基本上从头到尾合辙押韵，这在过去叫"白口联弹"。

我看麒派艺术它是有一个体系的。比如说布景灯光、服装，都有改良，特别体现在连台本戏上。甚至很多地方戏，都受周信芳连台本戏的启发。我们麒派戏还有一个特点，就是故事的情节比较讲究。凡是周信芳大师演出，他的戏矛盾冲突都能推到金顶上去。我们现在很多折子戏，就是连台本戏里的精华。连台本戏对演员有好处，你演过全本的《汉刘邦》，才能发现《鸿门宴》这折戏好，好在矛盾冲突尖锐。他在整个连台本戏中演出，剧团觉得这段好就把它抽出来成为保留戏，就跟现在的《红灯记》一样，就演《痛说革命家史》一折，若干年以后这就是折子戏。我们现在的戏还不是很丰富，固然家底很厚，但是没有人出来进行加工，能让观众接受的还不多，所以我觉得连台本戏还要提倡。

现在我觉得年轻人学麒派，要思考学它的什么。我认为要学麒派戏的心，用心去唱，用心去演，用心去动，这样才能进入人物。我个人这么多年的体会，麒派戏的表演特色，在嘀嗒之间，就是很短的嘀嗒之间。它在这些方面非常强调，要是不仔细看，不看到肉里去，很容易一扫就过去的。比如，都是很小的动作，几秒中就有特定的内容，这叫拢神。

我把你的神拢住了，你才会老老实实看我演戏。跟说话一样，我还没说呢，但你不自觉地就非常注意我。唱、念、做、打都有这些，用我们的话说这叫"术"。这个"术"当然是艺术，包括技巧，带有一种魔术味道，你猜不透里面有变化，一般人也不挑明了说。比如我们麒派，只是这么带动一下，也是在拢神范畴之内的。结果学的人不对就变成扭屁股了，觉得这么一扭就是麒派了，这学的是皮毛。唱麒派老生的，一般圆场功都比较好，因为有很多戏都和腿有关系。基本功都是一样的，圆场也都是一样的，我就提一个问题，《追韩信》有圆场，《徐策跑城》有圆场，那腿底下都能一样吗？《追韩信》是骑马追的，骑着马拿着马鞭的，跟年龄没关系；《徐策跑城》是老头儿自己跑，你说这圆场能一样吗？所以这些变化你要不注意看，根本就注意不到。《追韩信》圆场要冲、要溜，《徐策跑城》要讲究老态，要腿底下迟缓。怎么掌握就靠演员自己的修养了。

我谈这些的目的是什么呢，就是希望我们年轻的同学多看戏，多看戏营养才能丰富，学那些东西，看完了要存起来，跟仓库似的。就像我们和老艺人聊天一样，不可能他聊的对我都有用，没有用的怎么办呢？把脑子腾个地方存进去，不定哪年哪月排什么戏，学什么戏，需要用什么手段来表现某种思想，表现某种心情时会想起，某某人某一天提醒，某位老先生有这一下子，哎，这一下子不错，我要用在这个地方，会很出彩的。所以凡是有宝贝的东西，你都把它记住，是不会浪费的。我们过去常说，好听、好学、好看，就是这个道理。

洪业　编辑整理
上海文化出版社、中国京剧艺术基金会编《谈戏说艺》上卷

53 岁，《坐楼杀惜》，饰宋江

53岁,《坐楼杀惜》,饰宋江
上 - "下书",王俞英饰刘唐
下 - "杀惜",王玉珍饰阎惜姣

一九八七年全国青年京剧电视大赛追记

一

赵麟童

1987年，全国青年京剧演员电视大选赛复赛的帷幕是9月1日在北京拉开的。我有幸以评委的资格出席了这个令人振奋的大赛。在将近三百个录像当中我亲眼看到了一大批大江南北在京剧事业上大有前途的年轻接班人。生、旦、净、末、丑行当齐全，扮相个个亮眼，功夫扎实深厚，出场生龙活虎，歌喉清脆洪亮。老生行当，唱做精湛，流派各有特色，可以说是"青出于蓝而胜于蓝"了！旦角行当恰如天女散花，更是五彩缤纷！试举武生一例：《周瑜之死》在一般演出中演到《芦花荡》一折里，武生演员一般都脱下了大靠、盔头、厚底鞋子，只穿一身单薄的箭衣和一双薄底鞋，可谓一身轻便了，适于翻吊毛、从几张高桌子翻下来等高难度动作，这是常见的演法，已成为理所当然的了。可在这次复赛中所看到的《周瑜之死》的演员个个身手不凡，基本都是大靠、厚底鞋子一直穿到剧终不脱掉！他们穿着大靠从幕后唱出来，起身翻一个大"吊毛"站起来没站稳（表示刚从马背上摔下来），紧接着翻一个"肘膀子"，起来高抬左腿唱一大段，又是边唱边舞，而后爬上高坡（三张高的台子）观看战局，发现自家兵马大败，从高坡而下，演员穿着大靠旗及两寸半的厚底靴子从高空一个"云里翻"翻下桌子，唱做翻打，无一不精！当然，这种演法，过去不少老艺人也有过，但以后却为数不多了。而在今天我们京剧面临着所谓"危机"的时候，还有这样众多的青年演员在努力勤学苦练，并且练出了非常惊人的真功夫，这不能不令人欣喜若狂！各个行当像上面这种例子更是俯拾皆是，在这短短的随笔里是很难做详细介绍的。

通过这次大选赛的形式，确实达到了一个目的：青年演员普遍都动起来了，重视练功和认真学戏，发现了一大批日日夜夜勤学苦练、非常优秀的青年演员，我们有责任向观众推荐这些青年演员。我认为这不仅仅是宣传几个演员，也是宣传我们中国古老的优秀民族文化。同时也要求我们各年龄段的演员都振作起来，为振兴京剧事业、为迎接各种形式的大赛，做好充分的思想和实际准备。京剧演员电视大选赛是新中国成立以来从来没有办过的，所以有着深远的意义。

我相信，这次没能到北京参加复赛的演员当中，也还有非常优秀的人才。只要是人才，我深信，不在这里冒出来，下一次在另外的场合也会冒出来的。就怕你无才！

京剧被重视了，青年演员有了各种大显身手的机会。我作为一个从事几十年京剧工作的演员感到十分欣慰。我衷心祝愿每个青年演员以及从事京剧工作的同志，能发挥出更多的热和光！

1988年3月

53 岁，《威震三关》，饰寇准

上 - 53岁,《威震三关》,饰寇准(右二)
下 - 53岁,《威震三关》,饰寇准(左三)

56岁,《寇莱公传奇》,饰寇莱公

57岁,《斩萧何》,饰萧何(左二),王小军饰吕后,毛剑华饰韩殷氏

57岁,《宋士杰》,饰宋士杰(左二),王小军饰万氏,毛剑华饰杨素贞

60岁，《崇祯夜访》，饰崇祯（左），孙吗咪饰王承恩

69岁，《明末遗恨·杀宫》，饰崇祯

53岁,《走麦城》,饰关羽

上 - 58岁,《走麦城》,饰关羽
下 - 53岁,《走麦城》,饰关羽

54岁，戏曲片《义责王魁》，饰王忠

72岁，央视录制彩霞工程《义责王魁》，饰王忠（右），孙吗咪饰张千

61岁，《群·借·华》，饰关羽（左三），谭元寿饰鲁肃，马长礼饰孔明，王正屏饰黄盖，尚长荣饰曹操，叶少兰饰周瑜

70岁,访问台湾演出《明末遗恨》,四个崇祯陈少云(左一)、赵麟童(左二)、萧润增(右二)、王全熹(右一)

学麒派

一

赵麟童

有年轻人问我："学麒派难吗？"我想：只要你自信、有决心、真迷麒派，就并不是难到怎么也学不会的程度的。

从 20 世纪 40 年代开始，周信芳大师的麒派戏可以说风靡一时，让一代人为之疯狂。街上拉车的，小巷卖菜的，甚至路上的行人都能哼上几句"麒腔"。广播电台里随时都能听到麒老牌的经典唱段，《追韩信》《四进士》等，几乎家喻户晓。在梨园行，东南西北，江河海湖，凡是有京班的地方，都有麒派老生陈鹤峰、高百岁、李如春等，以后的中青年一代的同行，学习、继承、传唱麒派艺术都有相当的功力。我 8 岁开始学麒派戏，9 岁登台演出《追韩信》，如今我都 80 岁出头了，还在追，还没追完，继续追！

麒派戏为什么有如此大的魅力？我深深体会到是一个"情"字，周大师讲究这个"情"字，抓住这个"情"，把剧中人物的感情抓准，动脑子把戏中人物的内心活动悟出来，懂了，理解了，心动了，身体四肢才能随情蹈之舞之动起来。麒派戏的特点之一就是动作较多，踢蟒、抓蟒、抵、挑、抖、耍的髯口功，水袖功也不胜枚举。怎么动？当然不是瞎动，也不是生活式的自然化，是要用规范的艺术手段，用"四功五法"的表现手段。周大师别致的独创性的"强调激情地动起来"，说的就是内心没有戏，外表的戏是出不来的，心里有戏，还要恰到好处地动，才能有艺术感染力。《徐策跑城》是周大师的经典剧目，虽然拍了电影，但可惜不少镜头只拍了上半身，腿底下的功夫没拍到，而且镜头上老是直线地往前跑，有点单一。可能从电影导演的角度来看，舞台戏曲的处理与电影镜头的运用不可避免地会有矛盾，当然作为电影，导演是权威，但戏曲就是有它的特殊性，特别是对于大师级的艺术家，若能多沟通，相互配合，我想效果会更好。如京剧电影《野猪林》，看得出这位导演尽最大努力，调用电影镜头语言，把演员的闪光点、舞台表现力，尽情地予以发挥，实实令人敬服。彩色电影《徐策跑城》也为后人留下了不可多得的文化遗产。在无数次观看学习的过程中，我总不时回忆起周大师在舞台上演出的《徐策跑城》，特别是黑白纪录片的舞台资料，非常精彩，尤其是腿底下的功夫特别讲究："高拨子"一起，他的左狐步、右狐步、踢蟒、抓蟒，大幅度地亮相，接着横移步、斜一字步、反正月牙步、退步、麻花步、加官步等，步法丰富，精彩纷呈，让老徐策这个人物顷刻丰满立体起来。周大师圆场的处理也是挺讲究的，特别高明，如《追韩信》里萧何有两次圆场：跑东门的圆场是萧何这位老人自己的腿跑的，动作就要显出沉重和疲惫，而马趟子的圆场时手里有马鞭，是骑着马跑的，就要显得轻快一点，要漂亮，要溜。同是圆场，不同场景，不同情绪，处理手段就不一样。事过多年，我仍会不时地回忆起周大师演出的《徐策跑城》和《追韩信》，那栩栩如生的舞台形象深深地印刻在脑子里，也永存在历史的记忆中。

2014 年 11 月 4 日于杭州
文章发表于《新民晚报》

67岁,《未央宫》,饰韩信

57岁,《风雪北城》,饰寇准

69岁，《连营寨》，饰刘备

69岁，后台扮戏

京剧麒派艺术

—

赵麟童

中国戏曲丰富多彩，三十多个省市当中每个省都有代表性的剧种，而每个剧种又都有各自的表现形式。为什么呢？因为我们是个多民族的国家，各地的语言差异较大，由于语言的差异，导致不少艺术品种不能广泛流传，只限于在本地演出。而能在全国被多数人接受的艺术种类，京剧是其中之一。京剧的语言较为容易被人接受，因为京剧基本上是普通话。京剧从业人员之多在历史上也是首位的，特别是经过一代又一代的前辈艺术家的艺术实践，历经上百年不断变革完善，创造出一整套为塑造人物所用的难度极高的表演技巧，如中国京剧所特有的"四功五法"，自成体系。

京剧的创业史不算太长，从乾隆五十五年（1790年）做寿，四大徽班（三庆、四喜、春台、和春）进京，至今不过二百年。这里不得不提我们的鼻祖，京剧创始人程长庚老先生，他把各个地方剧种中好的、精华之处通通吸收到一个点面上（如皮、黄、昆、乱、高拨子、梆子、地方小曲、武术等），汇聚成了京剧雏形，大约道光二十五年（1845年）徽班渐渐过渡形成京剧。在这当中，不知有多少代前辈艺人做出了贡献，如当时被称为"前三杰"的程长庚、余三胜、张二奎，还有"后三杰"：谭鑫培、孙菊仙、汪桂芬，而后有汪笑侬、刘鸿声、王鸿寿（三麻子）。到了光绪年间，又有梅巧玲、王瑶卿、黄月山、杨小楼、金秀山等。那时，名人辈出，各有千秋，把京剧艺术的唱做念打推向了一个个高峰，京剧逐渐风靡一时，统治了戏曲舞台。除了宗谭，又出现了余、言、高、马、麒，都有各自的风格，自成一派，都被大众接受认可。一时，流派纷呈，繁花似锦。

除了名人辈出，京剧的剧目也非常丰富，我们麒派就有不少剧目是从昆剧移植过来的，如全本的《楚汉相争》就是从昆曲《千金记》来的，还有《苏秦六国封相》，以及我们这次演出的《明末遗恨》，都是从昆曲移植过来的。如今，我们京剧舞台上还留有不少各剧种"混合"的痕迹，如"花梆子"伴奏的多数曲牌也还用昆曲的，民歌曲调的"南锣""凤阳歌""小放牛"

等,还有《翠屏山》的"两合水",前一半是"西黄",后面的杀山唱的还是"梆子",又如《挑滑车》《夜奔》等,还是原封不动的全本昆曲武戏(基本没变)。这可能跟演员有关系,到后来,有不少地方戏曲的演员先后加入了京剧的行列。道光四年(1824年),是京剧的鼎盛时期,按现在的话说,京剧成了一种时尚,谁要是不懂京剧,不看京戏,不会嘴上哼哼几句,那就太落伍啦!京剧那时之所以兴旺,还有个特殊因素,就是清朝宫廷养戏班(其实明代就有宫廷戏班),因为乾隆帝特爱看戏,乾隆、嘉庆、道光、咸丰、同治、光绪,这六位皇帝在宫里都养有上百人的大戏班子。分为"内学"(由太监学戏)与"外学",有旗籍生和民籍生之分,"内学"在南花园,"外学"在景山,都由"南府"管辖,后在道光年间改叫"升平署"。道光、同治两位皇帝对戏班子不感兴趣,另几位都喜欢京剧。乾隆八十大寿,因为"内学"的演出技艺不太高,所以从江南调戏班子进京,这就是四大徽班进北京的历史来由。再后来,皇宫里对民间艺人采取"挂号"演出,随叫随到,平时按月发银饷,演得好也有赏。因为年龄的关系,请进来的演员不称学生而称"教习",开始只有二三十人,慢慢地有近百人了。

京剧的行当是非常有特色的:生、旦、净、末、丑,各自有章法。单说生行,从20世纪30年代开始,就有"南麒北马关外唐"之说。麒派创始人周信芳大师,他对京剧的表演艺术有他个人的见解。如过去看戏也叫作"听戏",而麒派首先强调人物的内在情感,人物的心理活动。寻找适合人物内心变化的外部体形,这是很重要的一点,也就是特别强调"做功",让演员的表演充满激情和"噱头"。我们的京剧艺术在一定程度上,也可以说是"演员的艺术"。一个剧种能否兴旺,在一定程度上取决于演员,再优秀的编导还是要通过演员的表现最后将故事呈现在舞台上,人物角色的内心活动可以通过演员细腻的面部表情来表现。这方面,电影有优势,电影可以推近镜头,给个大特写,观众就可看清了,但舞台上光看脸部表情就不行,需要强调动作,强调形体,如"一惊……看""怒弹须……""跑城……"。京剧的布景道具很简单,舞台上基本空空无物,但演员要通过形体表现出各种场景:

上山涉水，上楼下楼，开门关门，一笑一颦，下雨啦，太热太冷啦，太紧张啦，动作都是意指人物的内心活动，这也与我们的国画类似，强调"写意"，画鱼可以不画水，又像又不像，你得"脱形取神"，让观看者感觉有水。我们在台上舞大刀，很起劲，观众也是明白的，知道这是借耍大刀来抒发人物得胜的快乐心情。

麒派艺术在塑造人物上与其他流派虽同属于"四功五法"，但又有些差别。比如，绘画有工笔、写意，我们麒派更像泼墨，比较强调力度和张力，麒派在表演上运用了不少舞蹈动作，这就离不开基本功，如跑"圆场"。麒派演员没有圆场功，就等于没有腿！就算有腿，那这跑和那跑还有不一样的，如韩信的"跑东门"与"跑马趟子"的圆场能一样吗？《徐策跑城》的跑是与舞蹈粘在一起的，是经过艺术加工美化的，体现的是老徐策的高兴、兴奋、激动的心情。同样的喜怒哀乐，我们麒派跟一般程式化表演有所不同，就是特别重视这个"情"，讲究人物的感情，抓准了人物的情感走向，用适度夸张的动作，恰到好处体现出来。这里"适度"很重要！如果过分强调外形动作，很容易走入岔道，过去这样的例子很多，所谓外江派或杭嘉湖派就有这种现象。看做功戏，特别要调动观众的想象力和审美，要给观众留足想象的空间，舞台是虚实结合的，演员借用一些道具把生活真实上升为艺术真实。我们说，一个戏的完整艺术美，是台上演员与台下观众一起创造的，共同完成的。到了我们这一代学麒派的，不同于先辈的突出一点，就是不仅仅强调"做功"，也重视"唱功"，也强调音色了，不一味地喜欢所谓"沙"音，每个演员可以根据自身嗓音条件，尽可能发挥自己的长处。

我们这一辈艺人的任务很艰巨，担负承上启下的重任，我想作为演员，首先自己要有个学习的态度，要有思考的习惯，只有脚踏实地、老老实实地学习前辈老艺人的舞台艺术，继承精华，剔除糟粕，同时大胆、谨慎地创造出让人耳目一新的剧目，才能更好地为今天的观众服务。

70岁，在台北中山堂"麒派名家名剧展"开幕会上讲话

德劭

2004—2018

145
—
158

71岁,戏曲片《林则徐》,饰林则徐

71岁,戏曲片《林则徐》,饰林则徐

71岁,戏曲片《林则徐》,定妆照

72岁,央视录制《走麦城》,饰关羽(中),孙呜咪(左)饰周仓,李春立(右)饰关平

学习麒派的一点体会

一

赵麟童

学麒派的老艺人很多，从久占上海的老前辈高百岁、陈鹤峰、李如春、杨宝童等诸多麒派名家，到京津沪一带的萧润增、徐鸿培、小王桂卿、明毓琨、孙鹏麟、孙伯龄等都善演麒派戏，东北的小王虎辰、小麟童（杨建忠），福建的许昆童，青岛的李师斌，山西的李铁英等，他们毕生都是在学"麒"，演"麒"，努力践行周信芳大师"继承、改革、创新"的麒派精神。

北方的赵松樵、白玉昆、刘汉臣等老前辈，各自都有精彩的拿手好戏，同时热演麒派名剧，墨守成规者极少。其他京剧流派的很多演员也在舞台上运用麒派的表演手段和方法，可见麒派艺术的波及面、影响力多么大！

在表演手段上，周大师创造性地给"四功五法"以新的生命力，紧紧抓住了塑造人物这个"生命线"。周大师非常重视并强调这个"情"字，在唱功方面，他的每出戏里都安排了重要的核心唱段，如《追韩信》的"我主爷"，后面的"三生有幸"，《明末遗恨》的"夜访"，《赵五娘》的"劝说"，《扫松下书》的"清江引"，《路遥知马力》的"宿店行路"，《斩经堂》的"贤公主"，《徐策跑城》的"高拨子"等。周大师的唱，句句打动人心，经典唱段广为流传。周大师在舞台上有许多高招，他能有效地调动全场观众的情绪，用我们演员的表演等舞台活动，激发观众的想象力。如果不强调演员自己的激情创造，怎么能让观众参与进来并"情不自禁"呢？而观众的共鸣也增强了演员的表演欲望和兴奋性，因为演员与观众是互生互动的。

"做功"是麒派艺术的功力所在，学习麒派戏没有一定的基本功是困难的。如《追韩信》的吊毛，《清风亭》的硬僵尸，《徐策跑城》的圆场功，假如没有这些要求和手段，就削弱了艺术的感染力，一片空白了！因此我们学习麒派，调动创造一切艺术手段为塑造人物服务，这是必要的。

周大师"浑身是戏"，为我们后人创造了丰厚的表现手段，如踢蟒、抓蟒的各种力度，抓翻甩卷的"水袖功""拧身吹髯"的舞蹈，挑弹托抖的"髯口功"，脚底下的挫步、趋步、掂步、麻花步的圆场功等，都是麒派艺术塑造人物的重要手段。通过各种功夫的表现抓住观众的心，当然首先要唤醒我们演员自己的心，必须用心去唱，用心去做，用心去想，用心去动，"无情不动"，心动才能浑身动。麒派表演动作戏很多，动的幅度也比较大，从表象上看，似乎学好外表的动作就有门儿了，但门儿是有了，"形似"有了，你还得进去，进到内里去。仔细查看每个动作的整体性，调动全身的配合，不能手脚不搭各归各，身体各部位要协调配合才会有整体的美感，这就有难度了！这就要用头脑了，要学会"悟"，悟剧情，悟对人物的理解，脑子里有戏，身上才会有戏，不然很难做到"神似"。当然不大动的戏也有，像《审头》的陆炳，整出戏基本上都在大桌子里坐着，这一类型的人物则又要用

79岁，参加央视《霜叶红于二月花》重阳节活动。演唱《六国封相》选段

另一种手段了：讲究面部肌肉的运用，眼神、双肩、扇子的运用，不同的戏，不同的人物，不同的环境，不同的心情，各种手段的不同运用。又如《明末遗恨》一剧中《撞钟》一折，崇祯的唱词"食不安来坐不稳，终日落魄与失魂"，周大师唱得十分凄凉，非常悲愤；麒派戏的悲腔极有特色，特别是"嗽"音的运用，如唱到"画龙画虎难画骨，知人知面不知心"，当唱出这个"知"字时，用了两个"嗽"音，使人感到极其悲怆惋惜。崇祯示意王承恩多次撞钟，召集群臣来朝，仍不见有朝臣来见，崇祯真成了孤家寡人了。此时只有一位督战九城的李国珍，每次听到钟声，都会飞马赶来朝见崇祯，同时奏报李自成人马如潮攻进京城的战况败局，最后只能向崇祯表示要杀敌尽忠。崇祯看看大势已去，明朝江山难保，与李国珍含泪诀别，李国珍念："万岁请上，受臣尽忠辞别了。"（在阴锣中）周大师用泣声的台词道："你我君臣只此一面了哇！"（失声痛哭）李国珍跪拜，崇祯阻手（乐队起一个大的"哭报"），李国珍跪右腿，抱拳恭拜，崇祯撤左腿一扶，同时起身，李国珍跪左腿，崇祯撤右腿左手扶起。两人悲极大恸。崇祯紧握李国珍双手，二人上下摇晃着，崇祯连连点头敬视李国珍，暗暗赞佩其是报国的大忠臣，二人慢节奏地分开双手，李国珍猛地一个"飞跪"，双膝落地，崇祯急扶。在大的"哭报"声中，李国珍先是两个慢跪步，最后要一排快的"跪蹉"（横斜式），崇祯改骑马蹲裆式，"斜掂步"往钟楼处退去，右手做扶状，二人移至台中。崇祯向李国珍示意"杀敌去吧"，李国珍点头意会，扭身提枪拉马，崇祯急呼"卿家"，李国珍翻身亮住，无语，崇祯凝视，突然左手捂眼，右手一大挥，让李国珍"去吧"，李国珍挡脸"急急风"下场。这一连串的动作设计，很接近传统戏的表现手段，最后挡眼挥手"去吧"这个动作设计，有点话剧的味道，很别致，很新鲜。《投军别窑》里也能见到类似的动作设计。

我在刊物上读到过周大师早些年曾应邀客串过话剧的演出，好像是《雷雨》，我想这与周大师有兴趣涉及其他文化行业——话剧、电影和大量兄弟剧种是有关系的。

逝水流年，艺海无涯，现今我们学习周大师的舞台表演，学习麒派艺术必须多学、多看、多思、多问。关键是在"用"字上怎么下功夫，怎么"用"，不少前辈都曾学习、借用、糅合过各兄弟剧种的艺术手段来丰富本剧种的表现手段。在如今这个瞬息万变的社会中，任何事物都不会一成不变地存在，麒派艺术要发展，艺术风格要发扬，就要学会改变！要吸收其他剧种、其他艺术门类的营养，努力做到与时俱进，这就可称作"麒派精神"吧！

2015年3月

72岁,央视录制《斩经堂》,饰吴汉

72岁，老年关羽戏照

79岁,参加上海戏曲学院《六国封相》录制,饰苏秦

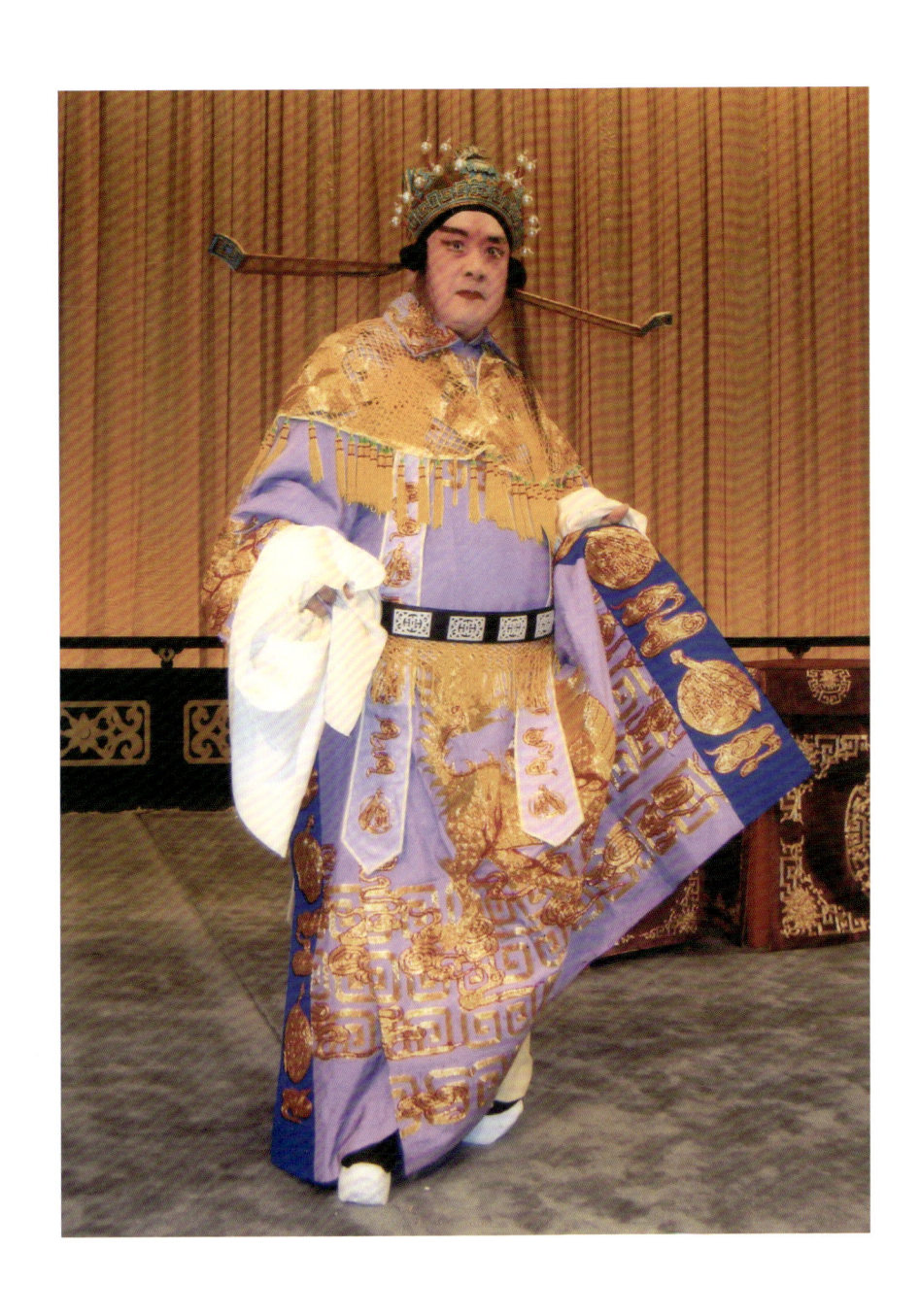

79岁，参加上海戏曲学院《六国封相》录制，饰苏秦

82岁,与周信芳女儿周采芹女士合影

78岁,中国戏曲表演协会颁发"终身成就奖"。孙毓敏(右一),胡芝风(左一)

上 - 74岁，浙江省第三期全省青年表演人才高级研修班（戏曲老生）担任老师（中），主教剧目《徐策跑城》
下 - 76岁，给上海戏曲学院教师朱玉峰说戏（左）

第二章

赵麟童演艺
生涯记事

❶ 1933年 出生

2月27日（阴历二月初四），在上海出生。

原名：赵惠民。

乳名：荣儿。

艺名：赵希希。

父亲：赵云亭（1903年3月—1959年2月），祖籍杭州，滑稽戏艺人。

母亲：王翠云（1903年4月—1987年12月），祖籍河北，家庭主妇。

❷ 1940年 7岁

在上海拜黄胜芳为师，唱戏学艺。

❸ 1941年 8岁

登台演出《追韩信》，饰萧何。

❹ 1942年 9岁

边学戏边唱堂会，演出《投军别窑》，饰薛平贵。

❺ 1943年 10岁

下杭嘉湖搭班唱戏，曾搭黄宝（保）班子，与班主（打鼓的）两儿子朔炳（哥哥）、朔真（弟弟），一个女儿（唱老生）及朔君（杨成鸣）、朔臣（杨维杰）一起演戏。

曾在苏州一带乡村跑码头。

❻ 1944年 11岁

回上海，在恒茂小学读书，边念书边唱堂会，曾搭上海大新公司、大世界小京班。

❼ 1949年 16岁

与洪云艳在时代剧场同班。

❽ 1950年 17岁

2月 在上海私立沪中中学读书。

5月 参加杭州大世界京剧团，又称大京班，后改为红旗京剧团，《北汉王》饰刘承佑、全本《唇亡齿寒》饰宫之奇、《甘露寺》饰乔玄、《斩经堂》饰吴汉、《凤仪亭》饰王允。

7月 与张二鹏、老白玉艳等同台合作。《投军别窑》饰薛平贵、《潇湘夜雨》饰崔文远。

父亲赵云亭 30 岁时留影

❽ 1950年 17岁

8月
在南通与俞砚霞同班,在新新大戏院演出,全本《吕布与貂蝉》饰王允,《扫松下书》饰张广才、《花木兰从军》饰花弧、《吴汉杀妻》饰吴汉等。

11月
《群英大会》饰鲁肃、《扫松下书》饰张广才、头本《三门街》饰李广、《北汉王》饰刘承佑、《打銮驾》饰包公、《四进士》饰宋士杰、《信陵君》饰魏王,短文《我扮演了"魏王"》刊登在杭州的《当代日报》上。

❾ 1951年 18岁

5月
参加红旗京剧团,在杭州大世界演出全本《三堂会审》饰王富刚、《大英杰烈》饰陈秀英、《信陵君》饰魏王、《唇亡齿寒》饰宫之奇。参加为期一个月的杭州市戏曲改进协会讲习班。

6月
参加土特产展览大会演出,参加湖滨惠兴等居民俱乐部演出,参加杭州工人文化宫演出。

全本《云罗山》饰白士永,《扫松下书》饰张广才,日场《路遥知马力》饰路遥、《御碑亭》饰王有道,夜场前后本《白蛇传》饰许仙。

10月
参加杭州横河桥体育场居民俱乐部演出,参加英国人民访问团晚会演出。

11月
31日屯溪人民剧院《楚汉相争》前饰范增、中饰萧何。

❿ 1952年 19岁

2月
2日屯溪人民剧院演出《薛家将》,饰徐策。

皖南带大组演出,10月1日参加群力京剧团屯溪人民剧院新中国诞生2周年纪念演出,《将相和》饰蔺相如,夜场前后本《宋江杀妻》饰宋江,日场《七情记》接演《十八罗汉收大鹏》,饰八戒,同台夜场《青风亭》饰张元秀,同台合作有小王虎辰、琴丽芳、杨鼎侬、任武鸣等。

3月
在无锡金城剧场演出,同天夜戏《汉津口》饰关羽,《群英会》饰鲁肃、《草船借箭》饰鲁肃、《华容道》饰关羽、《古城会》饰关羽,夜戏《七剑十三侠》饰乔鸣泉,合作有王钰铭、陶素娟。
《甘露寺》饰乔玄。

参加金星京剧团,导演连台本戏头本《太平天国》,饰冯云山,创灯光、布景、内容、服装、联弹、开打、道具、唱词八个全新。

6月
参加上海京艺联合剧团第一分团在嘉兴顺记寄园剧场的演出,日戏全本《路遥知马力》饰路遥,夜戏全本《四进士》饰宋士杰,夜戏全本《武松》饰西门庆,《疯僧扫秦》前饰岳飞、后饰疯僧,日戏《古城会》饰关羽、

左 - 幼年时与大姐、二姐合影
右 - 大姐赵玲

❶ 1953年　20岁

❿ 1952年　19岁

10月

北上，与贺永华、张正堃同班，参加新风社旅行京剧团，在蚌埠人民剧场演出，全本《四进士》饰宋士杰、《追韩信》饰萧何，《三国志》一赶四饰鲁肃、关公、乔玄、刘备，导演、主演头本《太平天国》《唇亡齿寒》饰宫之奇，《云罗山》饰白士永，合作有王丽菁、金韵楼、马惊鸿，《将相和》饰廉颇，《董小宛》饰冒辟疆，《六国封相》饰苏秦。

在新海连市（连云港）人民京剧院演出，二本《太平天国》《宫之奇》，导演、主演《宫之奇》。

2月

在潍坊大同剧场导演并主演《天河配》，饰牛郎，配有立体布景、五彩灯光，合作者有张正堃等。

3月

徐州人民舞台主演《四进士》饰宋士杰，全本《清风亭》饰张元秀，《岳飞之死》接演《疯僧扫秦》，前饰岳飞，后饰疯僧，合作有马惊鸿、艾秋菊、常万仁、王再萍等。

4月

徐州人民剧场双出《古城会》（带训弟）《北汉王》饰刘承佑，灯光布景，开锣正戏，演4小时，星期日日夜两场，合作有解宗葵。

双出《打銮驾》饰包公，接演《寒窑遇太后》饰包拯。

全本《四进士》（柳林写状起三公堂止）饰白士永，《董小宛》饰冒辟疆。

导演并主演《云罗山》。

6月

赴山东济南，与老孟丽君合作，大众剧场演出全本《白蛇传》饰许仙，演出头本、二本《狸猫换太子》饰陈琳。

8月

8月下旬赴河南开封，大华戏院演出《节义廉明》（三公堂止）饰宋士杰，在济南大观园剧场演出《牛郎织女》饰牛郎，《唇亡齿寒》饰宫之奇，《岳飞之死》接演《疯僧扫秦》，前饰岳飞，后饰疯僧。

《千里走单骑》（过五关起训弟止）饰关羽，

9月

参加新风京剧团受河南郑州明星戏院特邀演出《岳飞之死》

接演《疯僧扫秦》（大战朱仙镇起疯僧扫秦止）前饰岳飞，后饰疯僧

全本《四进士》饰宋士杰，《香莲传》（别家赴考起斩世美止）前饰张良，后饰包公，

全本《追韩信》（张良卖剑起登殿拜帅止）饰萧何，合作有李妙龄、郝振声、马惊鸿、冯慧春等。

9月底返回潍坊，在大同剧场主演全本《宋江》（闹院起劫法场止）饰宋江，全本《包公》（封庞妃起遇李后止）饰包公，《三国志》（群英会起回荆州止）一赶四饰鲁肃、关公、乔玄、刘备，

《关云长千里走单骑》（过五关起训弟止）饰关羽，

《清风亭》（产子起骂子止）饰张元秀。

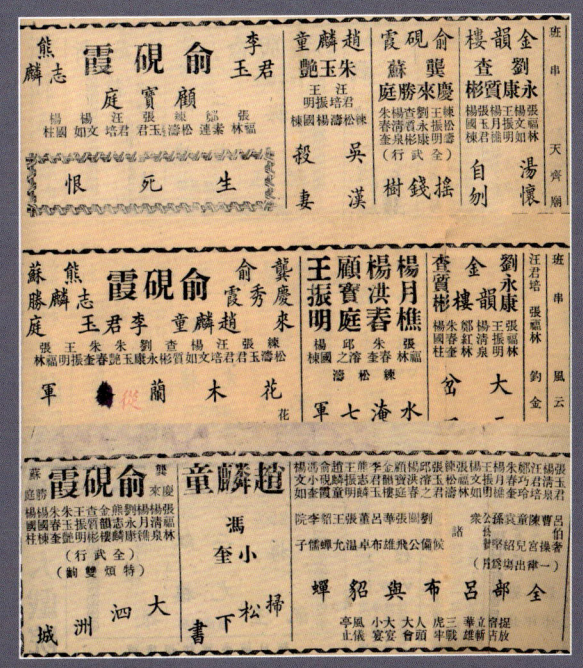

戏票

❶ 1950年，17岁，《大世界》戏报
❷ 1950年，17岁，南通演出戏报
❸-❺ 1951年夏，18岁，《大世界》戏报

⑪ 1953年 20岁

10月
潍坊大同剧场演出全本《陈琳与寇承御》饰陈琳、全本《清风亭》饰张元秀、全本《玉麒麟》《大名府》《上梁山》饰卢俊义。

11月
《包公怒斩陈世美》前饰王延龄、后饰包公，全本《四进士》（救素贞起三公堂止）饰宋士杰，同天午场全本《包公》（封庞妃起遇李后止）饰包公、夜场全本《岳飞之死》前饰岳飞、后饰疯僧，《清宫十三朝》饰冒辟疆，五彩灯光，立体布景。

12月
19日临别大同剧场最后夜场双出《关羽之死》（失襄阳起败走麦城止）、《包公怒斩陈世美》前饰王延龄、后饰包公。合作有双翼翔、郝振声、马惊鸿等。

⑫ 1954年 21岁

6月
受青岛黎明京剧团特约，演出头本《包公》（献庞妃起斩国舅止），饰包公（落帽风起打龙袍止）、二本《包公》饰包公、二本《狸猫换太子》饰陈琳，《太平天国》饰冯云山，《疯僧外传》饰疯僧，合作者筱筠菁、郝振声。

青岛光陆戏院、青岛共和京剧团助演，配灯光布景，导演并主演头本《狸猫换太子》饰陈琳，《关羽之死》（吴魏和起陷马坑止）饰关羽，《卢俊义》（大名府起上梁山止）饰卢俊义，《吕布与貂蝉》（斩华雄起刺董卓止）前吕布、夜戏全本《汉寿亭侯》（失徐州起诛文丑止）饰关羽，同天午戏《北汉王》饰刘承佑，全本《清风亭》饰张元秀、全本《包公怒斩陈世美》前饰王延龄、后饰包公。合作者有老生郝振声，武生郭俊英、小丑王世吉及荀程两派青衣花旦张春燕。

主要合作者有老生郝振声，武生郭俊英，小丑王世吉及荀程两派青衣花旦张春燕。

？月
从西安重返河南开封，受开封市艺联京剧社特邀，在明星戏院主演《追韩信》饰萧何、全本《四进士》饰宋士杰，《六国封相》饰苏秦，《包公》饰包公，《斩美案》（别家起斩美止）前饰王延龄、后饰包公，《岳飞之死》前饰岳飞、后饰疯僧，《狸猫换太子》前饰陈琳、《黑旋风李逵》饰李逵，五彩灯光，立体布景。

经连云港重返潍坊，大同剧场特邀赵麟童剧团，导演并主演《新白蛇传》饰许仙，广告称神话故事，配有灯光布景。

全本《疯僧扫秦》（朱仙镇起扫秦止）前饰岳飞，后饰疯僧，海报宣称：青年剧家文武老生兼演红黑净，同台助演有坤伶勇猛武生张正堃、鼓师沈云森、琴师张柏春青衣花旦关美蓉，滑稽小丑杨少泉，花旦黄凤环及编剧李治平。

12月
导演并主演头本《太平天国》饰冯云山，配灯光布景，导演并主演《天河配》饰牛郎，配有立体布景，五彩灯光。

新京剧《黑旋风李逵》饰李逵、清史故事《董小宛》饰冒辟疆，合作有张正堃等。

重返徐州，与徐州人民京剧团合作，在人民舞台演出双出《关公》（古城斩蔡阳）和《追韩信》，分别饰关羽、萧何，《岳飞之死》接演《疯僧扫秦》，前饰岳飞，后饰疯僧，《包公怒斩陈世美》（别家起斩美止），前饰王延龄、后饰包公，一起合作有张伯岐、单玉梁、艾菊秋、黄凤珍、司寿峰等。

参加扶新京剧团，第一次去天津，与老刘汉臣、小盛春等合作演出了《黑旋风李逵》饰李逵、《六国封相》饰苏秦、《姜子牙》饰姜子牙，在共和戏院演出《关羽之死》饰关羽、《秦香莲》前饰王延龄、后饰包公。

21岁，便装照

21岁，便装照

24岁，在长春电影制片厂与韩兰根合影

左 - 四子女合影
右 - 26岁，（右）与二弟、大儿子、女儿合影

⑬ 1955 年　22 岁

3 月 参与创作长春市京剧团在长春大众剧园演出的《还我台湾》，饰郑成功。

6 月 参加长春市京剧团赴北京民主剧场与赵松樵合作演出的七景十三场历史新京剧《还我台湾》，饰郑成功，《苏秦六国封相》饰苏秦，《岳飞之死》《疯僧扫秦》前饰岳飞，后饰疯僧。

7 月 重返天津，参加建新京剧社在天华景剧场的演出，同天早场《白帝城（哭灵牌至托孤）》饰刘备，晚场《追韩信》饰萧何。

同天早场《未央宫》饰韩信，晚场《包龙图（砸銮驾起遇皇后止）》饰包公。

同天早场《宋江（晁盖坐山起劫法场止）》饰宋江，晚场《千里走单骑（过五关起训弟止）》饰关羽，

《三国志（捉放曹、会诸侯、泗水关、斩华雄、虎牢关、战吕布、人头会、连环计、甘露寺、美人计、回荆州、芦荡）》

《伐东吴（大报仇起托孤止）》饰刘备，《三国志（对火字、借东风、华容道、凤仪亭、刺董卓）》

8 月 天津天华景剧场，同天早场《古城会》饰关羽，晚场《追韩信》饰萧何。

同天早场《汉寿亭侯（失徐州起斩颜良止）》饰关羽，晚场《三国志》饰关羽、鲁肃，

七景十八场《牛郎与织女》饰牛郎。同天早场《北汉王》饰刘承佑，晚场《未央宫》饰韩信。

11 月 离开天津去河北石家庄，参加启新、革新京剧团合作。

在工人剧院演出《岳飞之死》，接演《疯僧扫秦》，前饰岳飞，后饰疯僧。

参加石家庄市新新京剧团在专区礼堂演出的《秦香莲（别家起斩美止）》饰包公，《汉寿亭侯（失徐州起白马坡止）》饰关羽，《走麦城》饰关羽，同台合作有张正堃等。

同台合作有张正堃、王则昭。

⑭ 1956 年　23 岁

5 月 在安东市京剧院导演并主演寓言剧《东郭先生》。

6 月 作为列席代表参加政协安东市第一届委员会第二次全体会议，并在大会上发言，发言内容刊登在《安东日报》。

7 月 与安东市京剧院合作演出新排京剧《十五贯》，饰况钟，陈哨翔饰娄阿鼠。

8 月 导演并主演历史京剧《李秀成从军记》，饰李秀成，在安东市京剧院剧场演出，主要演员有张正堃、张镜铭、王宾亭、张鸣扬，

与唐老将（唐韵笙）同台合作演出《追韩信》，饰萧何，全本《宋江》饰宋江。

24岁，与大儿子、女儿的合影

⓰ 1958年 — 25岁

5月
《欧阳德》饰欧阳德，尚长春饰华世龙，王红饰刘玉萍，黄湘芹饰李氏。

4月
在鹤岗市京剧院剧场演出《六国封相》，饰苏秦。

3月
导演并主演《张文祥刺马》，饰张文祥，尚长春饰豆一虎，王红饰小荷花。
全本《包龙图（抢民女起打龙袍止）》饰包公。
同天早场《包龙图（抢民女起打龙袍止）》饰包公，后饰王延龄，晚场《岳飞之死》接演《疯僧扫秦》，前饰岳飞，后饰疯僧。
与佳木斯京剧团合作，在鹤岗市京剧院剧场演出《追韩信》《未央宫》，前饰萧何，后饰韩信。

2月
受佳木斯京剧团特邀二次来佳，演出全本《六国封相》饰苏秦，《包公怒斩陈世美》前饰王延龄，后饰包公，《走麦城（封五虎起七百里止）》饰关羽，合作有尚长春、黄湘芹、王红等。

1月
与佳木斯京剧团合作演出前部《汉寿亭侯（失徐州起灞桥挑袍止）》饰关羽，后部《汉寿亭侯（过五关起训弟止）》饰关羽，《包龙图（抢民女起打龙袍止）》饰包公。
《龙凤呈祥（过长江、甘露寺、别皇宫、回荆州、芦花荡）》前饰乔玄，后饰张飞，合作有黄湘芹等。
全本《三国志（群英会、借东风、烧战船、华容道）》前饰鲁肃，后饰关公。
全本《斩判官（下阴曹探阴山、查生死、斩张洪）》饰包公。

11月
重返长春，与长春市京剧团合作，导演并主演历史剧《李秀成从军记》，饰李秀成，《斩经堂》饰吴汉，《浔阳楼（宋江闹院起劫法场止）》饰宋江。
年底赴佳木斯京剧团演出《北汉王》，饰刘承佑。
《谈新戏和老戏》一文刊登在报纸上。

⓯ 1957年 — 24岁

7月
在哈尔滨旅社俱乐部（原大众影院）演出《追韩信》，前饰萧何，后饰韩信。
全本《宋江（闹院起劫法场止）》饰宋江。
全本《三国志（长坂坡、汉津口）》前饰关羽，中饰乔玄，后饰刘备。

6月
与哈尔滨市京剧团第二演出队合作，参加第三届传统剧目展演，主演《探阴山》《斩判官》饰包公，《斩经堂》饰吴汉，《九更天》饰马义，《翠屏山》饰石秀，《一捧雪》前饰莫成，后饰陆炳，《大劈棺》饰庄周。

3月
与哈尔滨市京剧团合作，在京剧院剧场主演第一集《狸猫换太子》，饰陈琳。

2月
在东北与梁一鸣、丁至云、尚长春等合作演出《三国志》，饰鲁肃、关羽，《天河配》饰牛郎，《包公斩判官》饰包公，《清风亭》饰张元秀，《秦香莲》饰包公，头本、二本、三本、四本《走麦城》饰关羽。

左 - 23岁，与女儿合影
右 - 女儿"玩票"时的戏照

❶ 1958 年 25 岁

6月 参加佳木斯京剧团旅喜巡回演出。在俱乐部演出全本《包龙图（抢民女起打龙袍止）》，饰包公，双出《斩颜良》饰关公，《未央宫》饰韩信。

7月 在佳木斯京剧团赴海拉尔巡回演出。同天早场《三国志（借曹箭起丧巴丘止）》前饰鲁肃，中饰乔玄，尚长春饰张洪，后饰周瑜。晚场《走麦城》接演《火烧七百里（封五虎起七百里止）》前饰关羽，中饰黄忠，尚长春前饰关羽，后饰刘备，尚长春前饰关羽，后饰赵云。

❷ 1959 年 26 岁

回南，参加杭州京剧团。

4月 在海拉尔人民剧院演出《斩判官（花园会起斩判官止）》，饰乔玄，尚长春饰张洪，前饰鲁肃，中饰张飞，尚长春前饰周瑜。

5月 21日在杭州东坡剧院演出《走麦城》，饰关羽。22—23日《包龙图》饰包公。30日《追韩信》饰萧何，张建新饰韩信。

1—2日东坡剧院演出《将相和》饰廉颇，宋宝罗饰蔺相如，3日日场饰廉颇，夜场《甘露寺》饰乔玄。

4日《甘露寺（刘备过江起孔明吊孝止）》饰乔玄。5—6日《岳飞》饰岳飞。

9—11日《包公（神亭岭、斩判官）》饰包公。13—14日前部《赤壁之战》饰鲁肃。

15—18日后部《赤壁之战（群英会、献连环、借东风、烧战船）》饰鲁肃。

20日《包公（打銮驾、断太后、打龙袍）》饰包公。25日《包龙图（告怨状起打龙袍止）》饰包公。

7月 导演并主演《林则徐》，东坡剧院演出。成为杭州市1959年文教战线先进工作者代表大会主席团成员。

8月 1日起参加杭州京剧团赴沪短期公演，上海天蟾舞台演出全本《包龙图》，饰包公。5日《追韩信》前饰张良，后饰萧何。14—15日《三打祝家庄》饰钟离老人。

9月 22日东坡剧院《追韩信》饰萧何，《未央宫》饰韩信。24日东坡剧院《群・借・华》饰鲁肃，关羽。26日东坡剧院《六国封相（嫉贤起荣归止）》饰苏秦。

10月 1日人民大会堂演出《甘露寺》，饰乔玄。3日日场人民大会堂演出头本、二本、三本、四本《走麦城》饰黄忠，鲍毓春饰关羽。4日《狸猫换太子》饰陈琳。5日《狸猫换太子（上集）》饰陈琳。6—7日《狸猫换太子（中集）》饰陈琳。

17—20日东坡剧院全本《野猪林》饰鲁智深，郭德发饰高俅，张泰华饰陆谦，张二鹏饰林冲，刘云兰饰张贞娘，宋宝罗饰张勇。

18日东坡剧院《古城会》饰关羽。23日东坡剧院全本《红鬃烈马（三打起大登殿止）》饰薛平贵。

30日东坡剧院《野猪林》饰鲁智深。

11月 2日东坡剧院前部《武松（打虎起打店止）》饰西门庆。

⑱ 1960年

27岁

11月
8日日场加夜场新中国剧院《鲁智深倒拔垂杨柳、豹子头血溅山神庙》，饰鲁智深。13、15日胜利剧院《走麦城（关羽之死、黄忠代箭、刘备哭灵、赵云救驾）》，饰关羽，陈幼亭饰黄忠、宋宝罗饰刘备、张二鹏饰赵云。27日新中国剧院《走麦城》，饰关羽。

12月
17日日东坡剧院《将相和（完璧归赵起将相和好止）》饰廉颇。18—20日东坡剧院《美猴王》饰薛平贵。20日日场《斩经堂》饰吴汉。22—23日东坡剧院《狸猫换太子》饰陈琳。30日东坡剧院《武家坡》饰薛平贵。31日东坡剧院《十八罗汉斗悟空》饰太上老君。

1月
1—2日东坡剧院早场《武家坡》饰薛平贵，夜场《十八罗汉斗悟空》饰太上老君。5—8日东坡剧院《十八罗汉斗悟空》饰太上老君。10日《十八罗汉斗悟空》。11日东坡剧院全本《三国志》饰鲁肃、关羽。12日东坡剧院《甘露寺》饰乔玄。14日东坡剧院《四进士》饰宋士杰。15日东坡剧院全本《武松（打店起鸳鸯楼止）》饰西门庆。16日东坡剧院《野猪林》饰鲁智深。17日东坡剧院《汉献帝》饰关羽。21日参加杭州市文教战线群英会，进入大会主席团名单，被评为浙江省1959年度文教战线社会主义建设先进工作者。27日（年三十）东坡剧院《于谦》饰王振A角，王文B角。28日东坡剧院日场《古城会》饰关羽。31日夜场《于谦》，饰王文（B角）和王振（A角），宋宝罗饰于谦。

3月
在杭州人民大会堂参加由盖叫天主演，中国戏剧家协会浙江省分会与杭州市文学艺术工作者联合会联合举办的演出，表演《追韩信》，前饰张良，后饰萧何，《古城会》饰关羽。

8月
《三打祝家庄》饰钟离老人，全本《包龙图（抢民女起打龙袍止）》饰包公，《追韩信》饰萧何。

上 - 31岁，与小儿子民华合影
下 - 33岁，与小儿子民华合影

小儿子民华、儿媳唐敏的舞台剧照

⑲ 1961年 28岁

1月
执笔改编现代京剧《红旗谱》。1—6日东坡剧院《红旗谱》饰朱老忠,其中1日加早二场,2日加早场,3日加早场。
13日东坡剧院《包龙图（抢民女起斩国舅止）》饰包公。
18—19日拱墅文化馆《甘露寺（过江招亲起周瑜之死止）》饰乔玄。
25—26日江滨俱乐部《甘露寺》饰乔玄。

2月
1—4日东坡剧院《包龙图（怒斩陈世美）》饰包公。

3月
4—6日东坡剧院《三打祝家庄》饰钟离老人。7—8日省剧协与省文联联合主办盖叫天专场,在人民大会堂联合演出《古城会》,饰关羽。
9—10日人民大会堂《追韩信》饰萧何。
19日人民大会堂《赤壁之战》饰鲁肃。
23—24日江滨俱乐部《甘露寺》饰乔玄。
25—26日江滨俱乐部《徐策跑城》饰徐策。29—30日江滨俱乐部《古城会》饰关羽。

4月
3—4日拱墅文化馆《古城会》饰关羽。5—6日拱墅文化馆《群·借·华》饰鲁肃、关羽。
10—12日东坡剧院《斩包勉》饰包公。18—21日东坡剧院《三打祝家庄》饰钟离老人。

5月
经市人民委员会第15、16次会议讨论通过,被任命担任杭州京剧团副团长。1—3日东坡剧院《五百年后孙悟空》饰太上老君。

9月
2—9日东坡剧院《西游记》饰李靖。10日东坡剧院《徐策跑城》饰徐策。
16日参加杭州京剧团赴沪短期公演,上海中国大戏院演出《打銮驾》,饰包公。17日中国大戏院《追韩信》前饰张良,后饰萧何。
19日中国大戏院《汉寿亭侯》饰关羽,20日中国大戏院《白蛇传》饰许仙,23日中国大戏院《义责王魁》饰王忠。
24日中国大戏院头本、二本、三本、四本《走麦城》饰黄忠。25日中国大戏院《汉献帝》饰汉献帝,26—27日中国大戏院《义责王魁》饰王忠。
28—30日中国大戏院《西游记》饰唐僧。

⑱ 1960年 27岁

9月
5日东坡剧院《大英杰烈》饰王富刚。16—19日东坡剧院《卧薪尝胆》饰石老。21—22日东坡剧院《走麦城》饰关羽。
27、30日东坡剧院《卧薪尝胆》饰石老。

10月
2日日场东坡剧院《卧薪尝胆》饰石老。19—22日东坡剧院《卧薪尝胆》饰石老。

11月
16—25日东坡剧院《三打祝家庄》饰钟离老人。26—27日东坡剧院《义责王魁》饰王忠。

12月
5—9日东坡剧院《卧薪尝胆》饰石老。28日东坡剧院《卧薪尝胆》饰石老。
23—28日拱墅文化馆《美猴王》饰太上老君。29—31日东坡剧院《伐东吴》饰刘备。

31 岁，北京北海公园留影

㉑ 1963年 — 30岁

㉠ 1962年 — 29岁

⑲ 1961年 — 28岁

10月
移师上海群众剧场。1日日场《义责王魁》饰王忠，夜场《白蛇传》饰许仙。2日日场《汉寿亭侯》饰关羽，夜场头本、二本、三本、四本《走麦城》饰黄忠，13日拱墅文化馆《徐策跑城》饰徐策。18日拱墅文化馆《坐楼杀惜》饰宋江。

12月
8日东坡剧院全本《甘露寺（刘备过江起芦花荡止）》饰乔玄。15—25日东坡剧院《七侠五义》饰包拯。

1月
东坡剧院《胆剑篇》饰勾践。

2月
6日杭棉大礼堂《关云长千里走单骑》饰关羽，7日杭棉大礼堂日场《义责王魁》饰王忠。

3月
赴舟山慰问驻岛部队演出。

5月
1日工人文化馆日场、夜场《七侠五义》饰包拯。10日作为特邀代表参加1961年文教方面先进集体和先进工作者代表大会。24日《闯王进京》饰李闯王，宋宝罗饰李岩，郭德发饰刘宗敏。26日《杭州日报》第三版刊登阿万的文章《精彩动人，发人深思——看京剧〈闯王进京〉》。

9月
1—2日东坡剧院《济公大闹秦相府》饰济公，2日加日场。22日东坡剧院《甘露寺》饰乔玄。29日改编、导演神话名剧《济公大闹秦相府》饰济公。

10月
10日东坡剧院《斩判官》饰包公。16日东坡剧院日场《徐策跑城》饰徐策。

10月
5日东坡剧院《甘露寺》饰乔玄。8日东坡剧院《包龙图》饰包公。13—14日东坡剧院《义责王魁》饰王忠。16—17日东坡剧院《天波杨府》饰寇准。

？月
东坡剧院《卧龙吊孝》饰诸葛亮。

28岁，在自家小院留影

㉒ 1964年 31岁

2月
11—12日工人文化馆《社长的女儿》饰社长,其中12日加演日场。

3月
2日东坡剧院《于谦》饰王振。9日《杭州日报》第三版刊登应成潮的文章《京剧艺术喜开新花——京剧〈社长的女儿〉观后》。

5月
31日东坡剧院《天波杨府》饰寇准。

㉓ 1965年 32岁

6月
赴京参加全国京剧现代戏观摩演出活动。

7月
17日毛主席、周总理在人民大会堂接见了全体演出观摩人员。

3月
15—16日演出京剧现代戏《红灯记》,饰李玉和。17日公演《红灯记》,饰李玉和。18日《红灯记》昨公演受到热烈赞扬——省、市党政负责人观看了杭州京剧团的演出,头版发表本报评论员文章《热烈欢迎〈红灯记〉》。19日《杭州日报》第四版刊登《革命红灯光芒万丈》整一版演出剧照及唱词。20日《杭州日报》第三版整版刊登《红灯高举照眼明——工农兵观众热烈称赞京剧〈红灯记〉》。21日《杭州日报》第三版刊登《民族的阶级的英雄——简谈〈红灯记〉中李玉和及其一家三代的英雄群像》。

4月
2—4日东坡剧院《红灯记》饰李玉和。

5月
被杭州市文化局定为文艺四级。

6月
参加华东区六省一市京剧现代戏观摩演出活动。

㉔ 1966年 33岁

『文革』开始,因造反派诬陷1964年有『炮打江青』言论,被扣上『现行反革命』帽子,遭受批斗、抄家、殴打、『蹲牛棚』,扣发工资,家中数箱行头、刀枪把子被现场烧毁,家中古董摆设被当场砸毁,来不及烧的行头和古玩被拖回京剧团。后在造反派的威逼下,数箱戏服限期自行撕毁,半生心血毁于一旦。

㉕ 1969年 36岁

3月
浙江省京剧团成立,7月,赴浙江龙游参加斗、批、改运动及参加『双抢』劳动。

㉖ 1972年 39岁

2月
20日东风剧院现代戏《沙家浜》饰刁德一。

左 - 41岁，便装照
右 - 49岁，便装照

50岁，（后中）与母亲、二弟（右）、三弟（左）在老宅小院合影

㉙ 1975年 42岁

- 6月 赴沪观看京剧《磐石湾》。
- 5月 赴沪观看话剧《杜鹃山》。
- 12月 参与《烽火礁》剧本的讨论和拟提纲。
- 11月 杭州胜利剧院给《杜鹃山》演出打追光，参加在胜利剧院召开的热烈欢迎新工宣队员大会。

㉘ 1974年 41岁

- 4月 参加京剧小戏《渡口》的讨论。
- 9月 赴浙江湖州演出，深入黄芝山煤矿井下160米慰问，清唱演出。
- 3月 参与京剧现代戏《栏边新曲》和《苹果树下》《半篮花生》剧本的讨论。
- 2月 3—15日杭棉大礼堂京剧《红灯记（赴宴斗鸠山）》饰李玉和。

㉗ 1973年 40岁

- 12月 剧团补发扣压的工资。
- 11月 观看话剧《换了人间》。
- 10月 观看话剧《生命线》，去梅家坞一周体验生活，半天业务学习半天劳动。
- 6月 赴宁波、嘉兴参加纪念毛主席《在延安文艺座谈会上的讲话》发表30周年的活动，观看京训班师生合演的《杜泉山》。参加创作小戏《送瓜》《鱼水亭》《东海小哨兵》等剧目，观看京剧现代戏《奇袭白虎团》。下旬，赴沪学习，观看上海戏校的《奇袭白虎团》、话剧《钢铁洪流》、电影《龙江颂》。

㉖ 1972年 39岁

- 5月 中旬，为京剧现代戏《奇袭白虎团》打4号位追光。
- 4月 剧团宣布『审查』结束，恢复练功喊嗓。观看越剧团的《红灯记》《半篮花生》《大路朝阳》等戏。

1975年 42岁 ㉙

9月 经京剧团支部研究，省文化局核心领导小组讨论同意，赴沪学习京剧现代戏《磐石湾》，同意赵麟童担任项武伯一角并兼导演。

11月 停排《磐石湾》，响应"农业学大寨"运动，随团参加工作组去绍兴，要求劳动4个月，2个月整顿，被安排在伙房劳动。

1976年 43岁 ㉚

5月 随工作组撤回杭州。

1979年 46岁 ㉛

5月 浙江省文化厅、中共浙江省委宣传部下达文件："推倒一切强加给赵麟童的污蔑不实之词，给予平反，恢复名誉"。

1980年 47岁 ㉜

6月 去上海观摩京剧《封神榜》，话剧《陈毅市长》，回杭州开始《包公斩国舅》排练。

8月 随团去湖州、长兴、李家巷、安吉四地演出。

10月 随团去萧山演出6天。

12月 16—19日在杭州剧院演出《包公斩国舅》（扣皇粮强抢民女，开封府拦轿喊冤，三挡道怒打銮驾，刺包拯夜斩庞煜），饰包拯，王小军饰庞妃。

1981年 48岁 ㉝

3月 10—22日杭州剧院，编（编剧之一）、导、主演《济公火烧凤凰岭》，饰济公，此剧一经上演，大受欢迎，一票难求，杭州剧院一再要求加演，由原来的7场增加到13场，仍全满。

上半年随团去宁波一带演出，剧目有《包公》等。

6月 根据梁秉堃话剧剧本改编现代京剧《谁是强者》。

8月 赴沪看戏，准备《武则天》剧本。

1982年 49岁 ㉞

1月 22、25—27日共4天在胜利剧院，编导、主演《威震三关》，饰寇准。

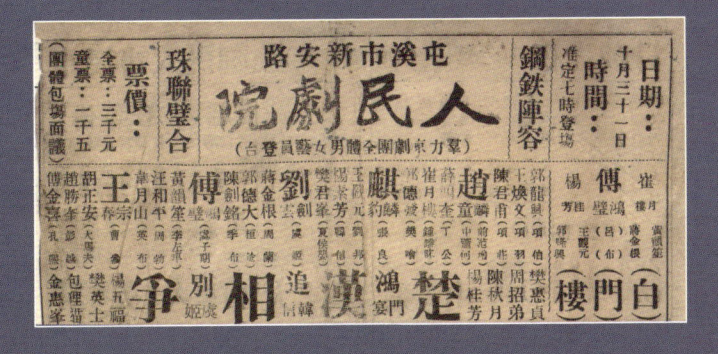

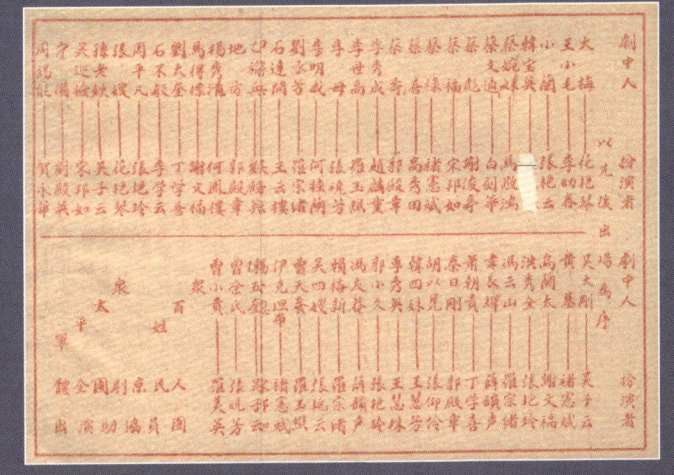

戏票

❶-❷ 1951年，18岁，在屯溪
❸ 1951年秋，18岁，在皖南
❹ 1952年，19岁，在蚌埠人民剧场演出二本《太平天国》，饰李秀成
❺ 1952年，19岁，《太平天国》，无锡人民大戏院演出戏报

1982年 49岁

4月 下乡演出五场《威震三关》，饰寇准。

5月 排练现代京剧《谁是强者》。

7月 导演、主演《谁是强者》，饰袁志成，陈和平饰吴一倩。

10月 在九江生病，在芜湖住院10天，出院后当晚就演出《威震三关》，饰寇准。

1983年 50岁

至12月，随浙江京剧团在江西、安徽、江苏三省巡演，江西鹰潭演出7天，南昌演出10天，

11月 在南京带病演出二场《威震三关》，三场《徐策跑城》，饰徐策。

2月 13日（正月初一）上午，在杭州饭店小礼堂参加省市各界人士春节团拜活动的有时任中央军委主席邓小平，出席团拜活动的全国人大常委会副委员长彭真和最高人民法院院长江华。15日桐庐县吴家大队礼堂演出《威震三关》，饰寇准。

3月 整理《宋士杰》演出本。

1984年 51岁

3月 时隔20多年，重新排演《追韩信》。12—13日胜利剧院《追韩信》（兵起咸阳起夜出陈仓止）前饰张良，后饰萧何。16—17日胜利剧院《威震三关》饰寇准。

4月 随浙江京剧团巡演镇江、常州、无锡，在镇江新华影院演出《追韩信》，前饰张良，后饰萧何，《威震三关》饰寇准，《义责王魁》饰王忠。时隔32年重返常州，在常州红星剧院演出《威震三关》饰寇准，《徐策跑城》饰徐策。

5月 在无锡工农兵影剧院演出《追韩信》，前饰张良，后饰萧何，《威震三关》饰寇准。

1985年 52岁

3月 7—8日胜利剧院参加省文化厅、省剧协、省艺术研究会主办的纪念周信芳诞辰90周年演出，《追韩信》前饰张良后饰萧何，《徐策跑城》饰徐策，重新整理并主演《未央宫》，饰韩信。

4月 受邀参加上海纪念周信芳诞辰90周年系列活动，在人民大舞台演出二场《未央宫》，饰韩信，单星梅饰吕后，鼓师：梁少垣，琴师：谢绍骥。

戏票

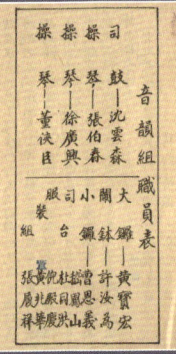

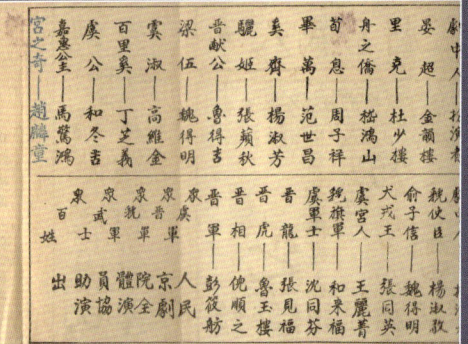

❶ 1952年，19岁，在新海连市（连云港）人民京剧院剧场演出《云罗山》
❷ 1952年，19岁，在新海连市（连云港）人民京剧院剧场演出《宫之奇》
❸ 1952年，19岁，导演、主演《太平天国》
❹ 1952年，19岁，在新海连市（连云港）人民京剧院剧场演出《宫之奇》
❺ 1952年，19岁，在新海连市（连云港）人民京剧院剧场演出《宫之奇》时的演员名单

189

㊶ 1989年 56岁

1月 加入周信芳艺术研究会。参加浙江省委组织部、省老干部局、省文化厅主办的春节离休干部联欢会,在人民大会堂演出《徐策跑城》,饰徐策。

㊵ 1988年 55岁

10月 受上海市文化局、上海艺术研究所、上海京剧院之邀,赴沪参加中国南派京剧研讨会。

6月 遴选为国家一级演员。

2月 参加浙江省文化厅主办的春节团拜会,演唱《义责王魁》选段。

1月 受聘为原杭州大学京剧协会艺术顾问。

㊴ 1987年 54岁

10月 担任浙江省文化厅京剧专业职务评审委员会副主任。受浙江省文化厅之聘,担任浙江省第三届戏剧节评奖委员会委员。

9月 担任1987年全国青年京剧演员电视大选赛复赛评委。

7月 担任浙江省艺术专业人员高级职务评审委员会委员(任期一年)。

4月 受浙江人民广播电台邀请,担任浙江省振兴京剧广播演唱赛评委。

1月 浙江京剧团著名京剧老演员专场演出,浙京排练场剧场演出《路遥知马力》,饰路遥。

11月 4日胜利剧院《追韩信》,前饰张良,后饰萧何,6日胜利剧院赴沪,上海人民大舞台演出《追韩信》,前饰张良,后饰萧何,18日率浙江京剧团赴沪,上海人民大舞台演出《追韩信》,前饰张良,后饰萧何,《威震三关》饰寇准,《未央宫》饰韩信,《宋士杰》饰宋士杰。

㊳ 1986年 53岁

5月 31日浙京排练场《未央宫》饰韩信。整理改编新编故事剧京剧本《乾隆皇帝在杭州》。

3月 裴艳玲来杭州演出,在浙江京剧团剧场与浙江戏曲界合演一场,曲目有浙江昆剧团林为林的《界牌关》、越剧小百花剧团毛威涛的《何文秀·哭牌算命》、赵麟童的《未央宫》、裴艳玲的《夜奔》。整理《宋士杰》演出本。

戏票

❶ 1953年，20岁，济南大观园演出《唇亡齿寒》
❷ 1953年，20岁，参加黎明京剧团，演出戏报
❸ 1953年，20岁，大观园演出《唇亡齿寒》，说明书及演员表
❹ 1953年，20岁，河南郑州明星戏院演出

❹ 1989年 56岁

3月
受浙江省职称改革领导小组之聘,担任浙江省艺术专业人员高级(艺术二级)职务评审委员会委员(任期二年)。

10月
参加上海第二届黄浦艺术节,京剧麒派、海派艺术交流演出专场,在上海共舞台演出《风雪北城》饰寇准,重新整理改编《斩萧何》并主演萧何,《萧何与韩信》(张良荐韩信起未央宫斩韩信止)饰韩信。受浙江省文化厅之聘,担任浙江省第四届戏剧节评奖委员会委员。

❷ 1990年 57岁

1月
参加杭州市各界人士迎春茶话会,演唱《海港》选段。

4月
参加纪念周信芳诞辰95周年纪念演出活动,开启纪念活动巡演之旅。浙江京剧团派出演出小分队:赵麟童(老生)、孙鸣咪(丑行)、王小军(青衣)、毛剑华(花旦)、缪金芳(鼓师)、谢绍骥(琴师)。

第一站上海:在共舞台4月1日夜双出《义责王魁》饰王忠,《华容道》饰关羽。4月3日《宋士杰》与董春柏、赵云鹤、王全熹饰演宋士杰。4月4日综合专场出演《风雪北城》。

第二站南京:中华剧场演出《风雪北城》《未央宫》《斩萧何》《宋士杰》(前)董春柏、(中)赵云鹤、(后)赵麟童分别饰演宋士杰。

第三站天津:在一宫演出《未央宫》《明末遗恨》《风雪北城》饰崇祯,《斩萧何》饰萧何。

第四站北京:人民剧场演出《未央宫》饰韩信、《斩萧何》《宋士杰》(前)董春柏、(中)萧润增、(后)赵麟童分别饰演宋士杰。张曼玲饰杨素贞。

《宋士杰》(前)萧润增、(后)赵麟童分别饰演韩信,《未央宫》饰韩信,《徐策跑城》饰徐策,《斩萧何》饰萧何。

第五站济南:5月,《追韩信》(前)赵麟童、(后)萧润增分别饰演韩信,《未央宫》饰韩信,《徐策跑城》饰徐策,《斩萧何》饰萧何。

第六站青岛:永安大戏院演出《未央宫》《宋士杰》《澶渊之盟》《斩萧何》。

10月
参加浙江省中秋『三胞』联欢晚会,演唱《海港》马洪亮唱段。

12月
参加北京纪念徽班进京200年振兴京剧观摩研讨会,在中国剧场演出《明末遗恨》一折,《雪夜访卿》饰崇祯,《斩韩信》饰韩信。

戏票

❶ 1953年，20岁，山东潍坊大同剧场演出戏报（部分）
❷ 1953年，20岁，山东潍坊大同剧场演出戏报（部分）
❸ 1953年，20岁，山东潍坊大同剧场演出戏报
❹ 1955年6月，22岁，北京民主剧场《还我台湾》演出节目单（饰郑成功）
❺ 1955年，22岁，《还我台湾》演出节目单

㊸ 1991 年　58 岁

1 月
8 日在中国剧场会议室，由龚和德（中国艺术研究院研究员）和沈祖安（著名编剧、评论家）两位老先生引荐，促成陈少云拜师，举行拜师仪式。拜师会由剧协副主席、周信芳艺术研究会会长刘厚生主持。德高望重的阿甲和李紫贵先生亲来祝贺，90 岁高龄的文化巨匠夏衍和阳翰笙都请人转达了祝词。

2 月
参加浙江省公安厅、省文化厅、省电视台主办的慰问全省公安干警、武警指战员、内保干部、治保人员文艺演出。

在杭州大厦百乐宫演出《雪夜访卿》，饰崇祯。

在杭州新侨饭店参加浙江省第四届艺术明星奖授奖大会。

7 月
获国务院政府特殊津贴。

9 月
受浙江省文化厅之聘，担任浙江省第二届戏剧小百花会演评奖委员。

12 月
受中共浙江省委宣传部等单位之聘，担任浙江省『中华大家唱（卡拉OK）曲库』歌曲演唱大奖赛评委。

获浙江省文化厅颁发的从艺三十年荣誉证书。

㊹ 1992 年　59 岁

3 月
与内蒙古自治区京剧团合作拍摄《刮骨疗毒》《走麦城》两个片段，饰关羽。

赴呼和浩特参加北京电视台大型系列电视片《听书看戏话三国》拍摄。

㊺ 1993 年　60 岁

1 月
参加浙江省第七届政协会议。

3 月
整理改编机关布景、连台本戏京剧《欧阳德（怒擒飞云僧）》、头本《除恶安良》。

随浙江京剧团赴温州永兴镇莺芳村演出 14 天。

5 月
浙江省文化厅、省电视台、省剧协、省艺术研究所、浙江京剧团举行了赵麟童从艺五十年麒派专场演出，特邀 76 岁高龄的麒派老艺人陈鹤昆、京剧艺术大师周信芳亲授弟子、湖南省京剧团、全国京剧电视大赛优秀表演奖获得者陈少云同台演出。

在杭州剧院演出《追韩信》，赵麟童、陈鹤昆、萧润增、陈少云四演萧何，接演《崇祯夜访》饰崇祯，《威震三关》饰寇准，一折《寇准背靴》饰寇准。

浙江省文化厅艺术委员会为表彰赵麟童在戏剧艺术事业上作出的贡献，特授予金艺奖。

㊻ 1994 年　61 岁

4 月
浙江京昆艺术剧院成立，被推选为名誉院长。

52 岁便装照

1994年 61岁

4月 月底赴沪，参加由上海市文化局、上海市广播电视局、中国京剧艺术基金会、上海海外联谊社等主办的上海逸夫舞台开台庆典，演出《群·借·华》，饰关羽，王正屏饰黄盖，谭元寿饰鲁肃，马长礼饰孔明，叶少兰饰周瑜，尚长荣饰曹操。

1995年 62岁

5月 开台庆典演出《寇准背靴》，饰寇准，孙鸣咪饰杨洪，王小军饰柴郡主。

9月 受邀参加欢迎首届杭州中日传统文化节日本访问团活动。

1月 赴沪，参加上海京剧院建院40周年、逸夫舞台开台一周年庆贺演出，演出《明末遗恨·雪夜访卿》，饰崇祯，孙鸣咪饰王承恩。

1996年 63岁

10月 参加由浙江省金鲲文化发展公司举办的庆祝中华人民共和国成立46周年大型文艺晚会《群星璀璨耀杭城》，演出《徐策跑城》，饰徐策。

11月 受文化部邀请，率团赴京参加程长庚诞辰185周年纪念活动，在北京梨园剧场演出二场《寇莱公传奇》，饰寇准。

1997年 64岁

7月 拍摄完成京剧电视剧《义责王魁》，饰王忠。

8月 因主演京剧戏曲片《义责王魁》而获十五届中国电视金鹰奖戏曲电视剧（巨力杯）奖的最佳演员奖。

10月 温州体育馆参加双鹿啤酒金秋文艺盛会，清唱京剧《义责王魁》片段。

1998年 65岁

1月 担任政协浙江省委第八届委员会委员。

参加浙江省委宣传部、浙江省广播电视厅、浙江电视台主办的1998迎春文艺晚会，演出《徐策跑城》选段。

1999年 66岁

1月 参加杭州市『九九喜相逢』春节团拜会，演唱京剧《林则徐》片段。

戏票

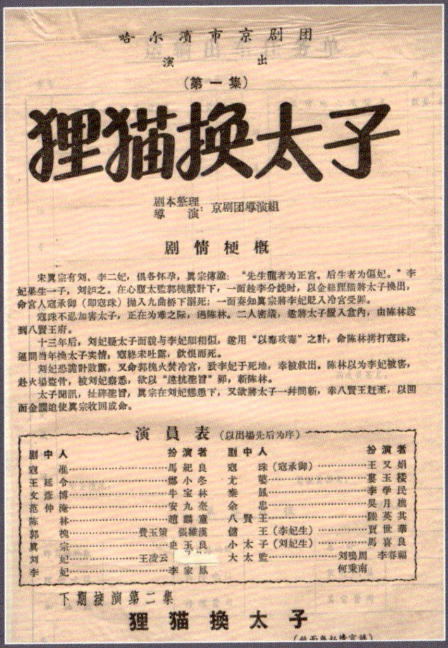

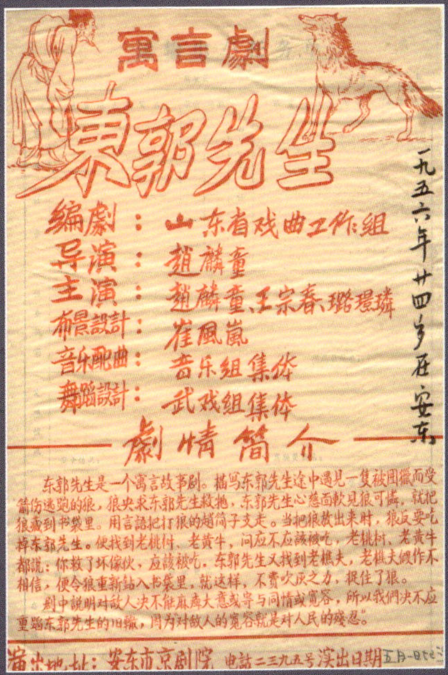

❶ 1955年，22岁，参加长春市京剧团在北京民主剧场演出《岳飞之死》
❷ 1955年，22岁，《黑旋风李逵》演出海报
❸ 1956年，23岁，参加哈尔滨京剧团演出《狸猫换太子》
❹ 1957年，24岁，《东郭先生》演出戏报

2003年 ㊿ 70岁

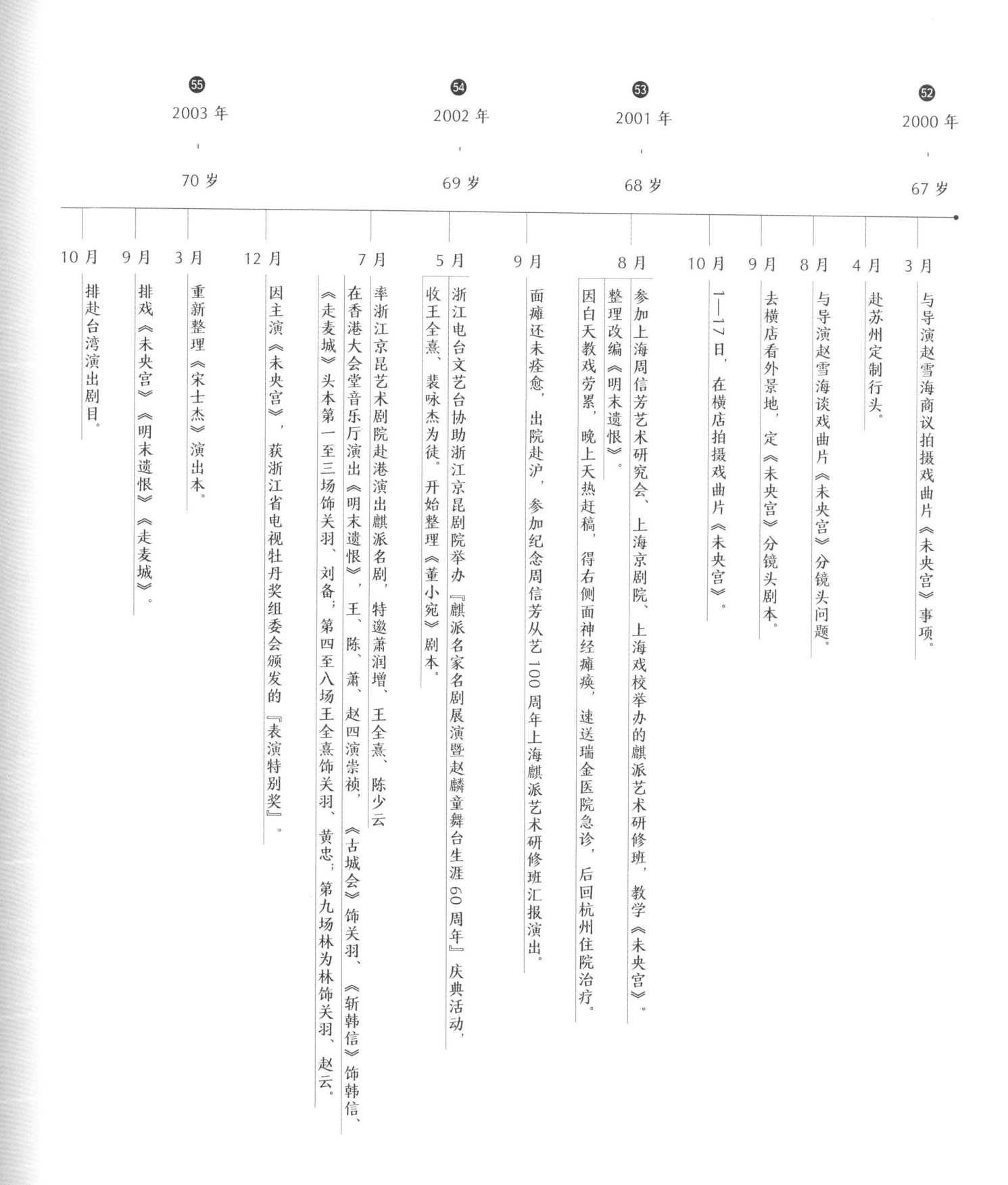

- 10月　排赴台湾演出剧目。
- 9月　排戏《未央宫》《明末遗恨》《走麦城》。
- 3月　重新整理《宋士杰》演出本。

2002年 ㊾ 69岁

- 12月　因主演《未央宫》，获浙江省电视牡丹奖组委会颁发的"表演特别奖"。
- 7月　率浙江京昆艺术剧院赴港演出麒派名剧，特邀萧润增、王全熹、赵四演崇祯，《走麦城》头本第一至三场饰关羽、刘备；第四至八场王全熹饰关羽、黄忠；第九场林为林饰关羽、赵云。
- 　　　在香港大会堂音乐厅演出《明末遗恨》，王、陈、萧、赵四演崇祯，《古城会》饰关羽、《斩韩信》饰韩信、陈少云
- 5月　浙江电台文艺台协助浙江京昆剧院举办"麒派名家名剧展演暨赵麟童舞台生涯60周年"庆典活动，收王全熹、裴咏杰为徒。开始整理《董小宛》剧本。

2001年 ㊽ 68岁

- 9月　面瘫还未痊愈，出院赴沪，参加纪念周信芳从艺100周年上海麒派艺术研修班汇报演出。
- 8月　参加上海周信芳艺术研究会、上海京剧院、上海戏校举办的麒派艺术研修班，教学《未央宫》。
- 　　　因白天教戏劳累，晚上天热赶稿，得右侧面神经瘫痪，速送瑞金医院急诊，后回杭州住院治疗。
- 　　　整理改编《明末遗恨》。

2000年 ㊼ 67岁

- 10月　1—17日，在横店拍摄戏曲片《未央宫》。
- 9月　去横店看外景地，定《未央宫》分镜头剧本。
- 8月　与导演赵雪海谈戏曲片《未央宫》分镜头问题。
- 4月　赴苏州定制行头。
- 3月　与导演赵雪海商议拍摄戏曲片《未央宫》事项。

戏票

❶-❸ 1956 年，23 岁，参加安东市京剧团演出
❹ 1956 年，23 岁，参加安东市京剧团演出《李秀成从军记》，饰李秀成

❺ 2003年 70岁

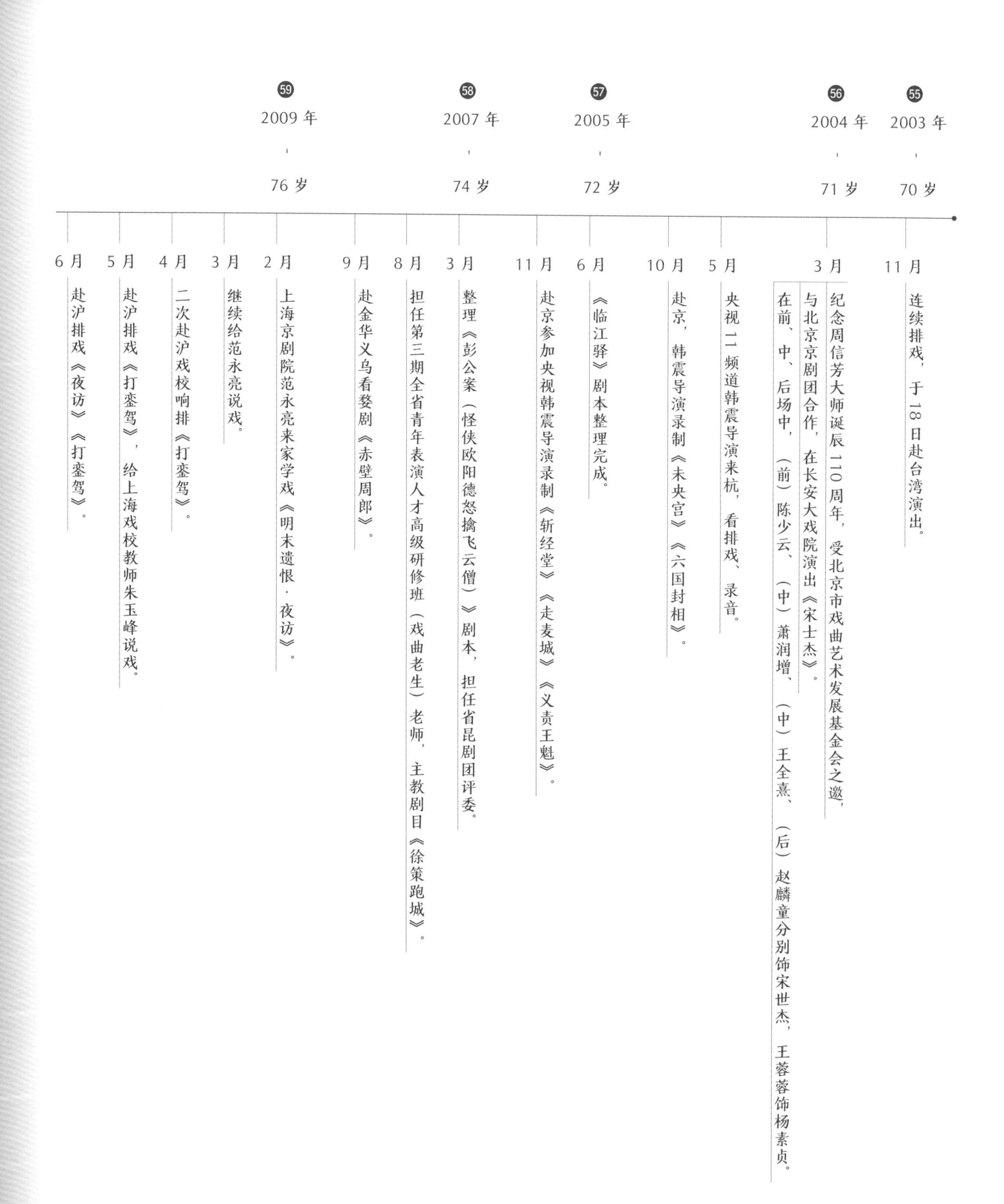

11月 连续排戏,于18日赴台湾演出。

❻ 2004年 71岁

3月 纪念周信芳大师诞辰110周年,受北京市戏曲艺术发展基金会之邀,与北京京剧团合作,在长安大戏院演出《宋士杰》。在前、中、后场中,(前)陈少云、(中)萧润增、(中)王全熹、(后)赵麟童分别饰宋世杰;王蓉蓉饰杨素贞。

❼ 2005年 72岁

5月 赴京,韩震导演录制《未央宫》《六国封相》。

10月 央视11频道韩震导演来杭,看排戏,录音。

6月 赴京参加央视韩震导演录制《斩经堂》《走麦城》《义责王魁》。

11月 《临江驿》剧本整理完成。

❽ 2007年 74岁

3月 整理《彭公案(怪侠欧阳德怒擒飞云僧)》剧本,担任省昆剧团评委。

8月 担任第三期全省青年表演人才高级研修班(戏曲老生)老师,主教剧目《徐策跑城》。

9月 赴金华义乌看婺剧《赤壁周郎》。

❾ 2009年 76岁

2月 上海京剧院范永亮来家学戏《明末遗恨·夜访》。

3月 继续给范永亮说戏。

4月 二次赴沪戏校响排《打銮驾》。

5月 赴沪排戏《打銮驾》,给上海戏校教师朱玉峰说戏。

6月 赴沪排戏《夜访》《打銮驾》。

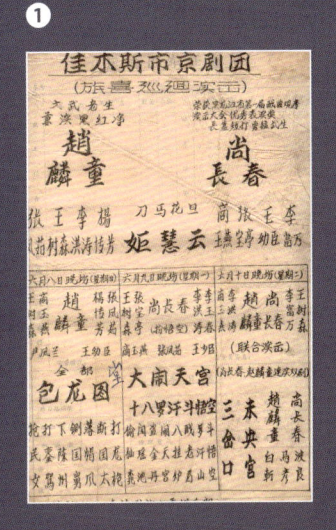

戏票

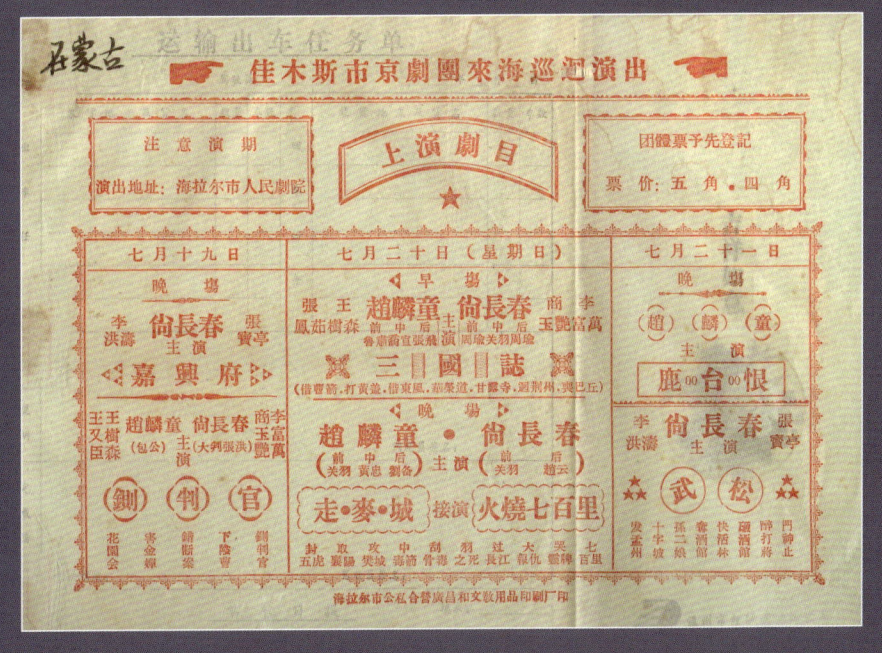

① 1958年，25岁，在佳木斯京剧团旅喜巡回演出
② 1958年，25岁，在佳木斯京剧团演出《刘介梅》
③ 1958年，25岁，在佳木斯京剧团演出《张文祥刺马》
④ 1958年，25岁，在佳木斯剧团演出《一定要解放台湾》，饰刘志强
⑤ 1958年，25岁，在内蒙古海拉尔演出
⑥ 1958年，25岁，在佳木斯京剧团公演《钢铁老人》

❻ 2014年　81岁

- 10月 参加中央电视台『霜叶红于二月花』重阳节京剧老寿星演唱会，演唱《寇莱公》选段。

❻ 2013年　80岁

- 10月 参加中央电视台『霜叶红于二月花』癸巳年重阳节京剧老寿星演唱会，演唱《董小宛》选段。
- 2月 写《临江驿》唱词。
- 1月 赴沪，参加上海京剧院陈少云收徒仪式。

❻ 2012年　79岁

- 10月 参加中央电视台『霜叶红于二月花』壬辰年重阳节京剧老寿星演唱会，演唱《六国封相》选段。
- 9月 在之江饭店参加省文联举办的80岁老人庆寿会。
- 7月 在省人民大会堂参加浙江省青年演员会演颁奖大会。
- 6月 在新开元大酒店担任浙江省青年演员会演评委。
- 5月 赴沪，参加上海戏校《六国封相》录音录像。
- 4月 整理《六国封相》三个大场戏。

❻ 2011年　78岁

- 12月 获中国戏曲表演学会颁发的『终身成就奖』。
- 4月 参加省艺校教师郑佳艳京剧个人专场演出，任嘉宾。
- 10月 赴沪参加文化部艺术司、上海市文化广播影视管理局主办的『往事并不如烟』庆祝新中国成立60周年大型京剧演唱会，在上海天蟾逸夫舞台演唱《义责王魁》选段。
- 7月 赴沪，在逸夫舞台看范永亮的《夜访》，朱玉峰的《打銮驾》。

戏票

❶ 1958年，25岁，在加佳木斯京剧团演出
❷ 1958年，25岁，在佳木斯京剧团演出
❸ 1958年，25岁，在佳木斯京剧团演出的戏报
❹ 1982年，49岁，《谁是强者》，饰袁志成，陈和平饰吴一倩

2015年 ❻❹ 82岁

11月 赴沪参加文化部、上海市人民政府主办的『麒艺流芳』纪念周信芳诞辰120周年系列活动。

2016年 ❻❺ 83岁

10月 赴京参加中央电视台『霜叶红于二月花』重阳节京剧老寿星演唱会,演唱《鸿门宴》选段。

11月 受陈少云徒弟李烜宇邀请,赴金华观看婺剧《郑义门》。

12月 赴上海参加全国麒派艺术研习班结业汇报演出活动。

2017年 ❻❻ 84岁

1月 整理《鹿台恨》剧本,18日《鹿台恨》完稿,快递寄出,20日中午去医院看病,下午3点40分左右因突发脑梗急诊住院。

2018年 ❻❼ 85岁

4月 经一年多的竭力救治和精心护理,终因多器官衰竭,于4月28日凌晨2:48长辞于世。

54岁，便装照

第三章
—
207—239

感怀松もと生

怀念恩师赵麟童先生

陈少云

上海京剧院

2018年，师父赵麟童先生溘然仙逝，今年师父离世整整5年，第一次看师父演出的场景依然历历在目。1985年，我正在天津跟曹世嘉先生学戏，听说麒派艺术进修班（第一期）在上海人民大舞台举行四场汇报演出，便从天津赶到了上海。那次演出名家荟萃，师父演出的是《未央宫》。师父在台上游刃有余，他掌控全局的气场、饱满的激情，以及爆发力给了我极大的震动。而第一次真正和师父见面是1990年在"纪念徽班进京200周年"的活动中，当时由龚和德和沈祖安两位先生保举推荐，全体中国戏剧家协会的老学者、老专家一致赞同，由中国剧协主办，我非常荣幸地在阿甲先生、刘厚生先生、李紫贵先生、马少波先生、李超先生以及刘乃崇、蒋建兰、李春熹、逯兴才、萧润增等专家名师的见证下，举行了拜麒派名家赵麟童老师为师的仪式，从此我向老师学习的愿望实现了！

师父是麒派老生，却没有机会正式拜在周信芳大师门下。他常说自己迷麒，是私淑麒派，但宗麒又不拘泥麒派，用他的话说就是谁好我就学谁。他生于上海，8岁跟黄胜芳先生学《投军别窑》《追韩信》，而后又跟专攻麒派的杨慧芳先生学习。19岁开始挑班，在南方颇有名气。而后又北上往天津、济南、锦州、北京一带，尤其是在东北的长春、丹东、哈尔滨、佳木斯演出长达5年之久，和白玉昆、刘汉臣、赵松樵、唐韵笙等前辈搭班合作。在此期间，他主演了一批麒派的经典剧目，像《宋江》（《闹院》《下书杀惜》《浔阳楼》《公堂装疯》《劫法场》）《北汉王》《斩经堂》《清风亭》等，以及用麒派艺术风格塑造人物的新编古装戏和现代戏，像自编自导自演的《雪岭苍松》就引起剧界轰动，各地都学习排演。1959年，盖叫天先生要排《垓下之战》一剧，约师父演李左车，他这才从东北回到阔别多年的杭州并留在了杭州京剧团。

师父跟我说，学习麒派艺术一定要活学，还要博取广收，他和前辈搭班演出的过程中就受到了老先生们不少教益。像师父的

陈少云与师父合影

《未央宫》就是吸收了唐韵笙、小杨月楼、刘汉臣三位的长处，《寇莱公传奇》中《探地穴背靴》一折也是学的唐韵笙，《走麦城》"劝军"一段念白学的是白玉昆先生。白玉昆先生的嘴里功夫是出了名的，他念白的字眼就像子弹能打到最后一排，师父就把它借鉴了过来。

回想 20 世纪 90 年代全国中青年京剧演员大赛时，我去杭州跟师父学习《徐策跑城》，当时的情景历历在目。他教导我，说要学习周信芳大师的演剧精神，演出要用心去唱，用心去演，用心去动，这样才能和人物融为一体。外形固然重要，但更要注重内心，尤其学习周大师在台上的节奏、眼神、手法的运用，切忌过火的表演。他说我嗓子好，就要根据自己的嗓音条件去学唱，不要憋着嗓子去学哑嗓，像大师的弟子高百岁、陈鹤峰都是好嗓子麒派。

我最难忘的是 2001 年上海文化局主办麒派艺术研修班，当时请来了好几位健在的老艺术家来传艺谈戏，我们全部麒门弟子都参加了麒研班的学习，我的先生赵老师更是满腔热情倾囊相授，顶着大暑天的炎热，并且他身体也不舒服，硬是带着病为我们传授麒派艺术的内核要点，还特别地为我指导加工了《明末遗恨》。老师的一招一式、耐心指导使我得到了更进一步的提高，令我终身受益！这是我向老师学习的难忘经历。

转眼我已是年逾古稀了，演了一辈子戏，麒派的精髓是永远也学不完的。周信芳大师创立的麒派艺术是国粹京剧的瑰宝，我们不仅要"不忘初心"，更要像老师一样，贡献自己的力量，牢记身上的使命，将麒派艺术发扬光大。

2023 年

薪火传承，宗"麒"出新
——追忆恩师赵麟童

王全熹
江西省京剧院

追忆往事，恍如昨日。

拜先生为师，已是17年前了。那是2002年5月，文化部振兴京剧指导委员会、浙江省文化厅联合主办"麒派名家名剧展演暨赵麟童舞台生涯60周年"庆典活动，我有幸应邀与赵老师等名家同台演出。对于赵老师的"麒"派表演艺术我素有景仰之意，因此，沈祖安、龚和德两位先生着意引荐我和裴咏杰，遂于杭州行奉茶拜师之礼。

细想起来也是师生有缘，1984年我入选上海市文化局等单位主办的"周信芳艺术研修班"，1985年1月，麒派艺术进修班第一期结业汇报演出于上海人民大舞台举行，其间，赵麟童老师应邀助演一出《未央宫》，赵老师洒脱洗练的身段、酣畅质朴的行腔、轮廓鲜明的人物刻画，唱、念、做、打，在在蕴含麒派艺术之精髓，令我这初涉麒派艺术的进修班学员顿有耳目一新之感悟。尤其韩信唱段若干处的改动，窃以为，虽有争议，但流畅好听，且能抓住观众，确也不失为有益的大胆探索。观摩《未央宫》演出，其实是我第一次目睹赵老师风采，赞佩、求教之念从此油然而生。

拜师前后，我曾与赵老师多次同台演出，尤以拜师后的多次跟随受教获益良多。2002年7月赴香港演出、2003年11月赴台湾演出，以及2010年前后的三届麒派艺术研修班教学等，耳濡目染，我由衷地赞同业内同行和票友戏迷的评价，赵老师是极具代表性的麒派表演艺术家之一，实至名归。他自幼学戏，8岁登台演出《追韩信》，数十年来追随周信芳大师的表演艺术，宗于麒而不拘于麒，按自身条件采各家之长，大胆求新，形成了独具特色的表演风格。宗"麒"出新始终是赵老师求索麒派艺术的初心和执念。他领会麒派艺术的核心意境一是"心"，二是"情"，讲究形似，更重神似，一切表演艺术遵循剧情发展、人物特征和心理变化的主线贯串。赵麟童老师在承袭麒派艺术的基础上，披肝沥胆，勇于出新，这是有别于他人的一大特点。例

台湾演出合影
从左至右分别为：王全熹、萧润增、赵麟童、陈少云

如在周信芳艺术研修班任教时，我协助赵老师整理《明末遗恨》，将老本子30多场精简为12场，整剧显得更紧凑，人物更集中，矛盾更突出，而且以唱腔衬托人物，达到了良好的演出效果提升；又如赵老师演出《追韩信》，第一场萧何上，老番是引子话白，大锣打上，站定："褒中久困，何日里，才定三秦。"为了表达内心焦急，加快节奏，赵老师改为长锤打上，这是合乎剧情和人物心理状态的改动；再如《未央宫》剧中韩信及《风雪北城》剧中寇准的唱段，赵老师也刻意求新，将个别特殊情境的唱段改为"清板"唱法，这是我们京剧从无先例的，但赵老师认为，越剧、川剧、秦腔等都有清板，京剧也应该有，根据人物内心情绪和场景，清板唱法可收到特定意境的视听效果。诸如这些细微点滴的改动还有许多例子，体现了赵老师大胆探索、锐意求新的艺术进取心境。麒派表演艺术之所以登临高峰，除了周信芳大师的天赋、勤奋和深厚的艺术造诣外，善于博采众长、勇于探索创新也是麒派艺术集大成的重要因素。我觉得，只要符合艺术发展规律，勇于求新出新就是一种值得激励的可贵精神。

赵老师台下做人，台上做戏，秉承的是坦诚真心，一辈子上下求索、传承光大麒派艺术，唯此为大。我至今仍深深铭记赵老师30年前的扶掖之恩：1990年在上海共舞台"周信芳诞辰95周年纪念演出"，安排《宋士杰》（四演），赵麟童老师说："董春柏来《头公堂》，赵云鹤来《盗书》，我（赵麟童）来《二公堂》，王全熹来《三公堂》，把这小子抬起来！"这话，当时令我震惊！三个前辈名家甘愿为我这个后生小辈垫场？！事后仔细想来，三位前辈端的大气派、大胸怀，更深层面的含意，是在为麒派艺术垫场、抬高，是在为麒派艺术的传承而递薪点火！

国粹艺术二百余年的接续行程中，麒派艺术犹如流派纷呈烛光簇拥中耀眼的一束。在我的艺术生涯中，当以赵老师为榜样，躬耕不辍，竭尽绵薄；薪火传承，宗"麒"出新。

2019年

浅谈赵麟童先生的艺术观

—

裴咏杰
湖北省京剧院

与赵先生初次接触，是 1990 年在北京的人民剧场。当时是纪念周信芳大师诞辰 95 周年麒派专场的演出，几位主演有董春柏先生、萧润增先生、张学海先生和赵麟童先生。董先生、萧先生和张先生三位都是周大师的入室弟子，而赵先生是私淑弟子。萧先生和董先生之前教过我，由于与赵先生之前并没有接触过，那天我是代表我师父小王虎辰先生去看望赵先生，他二位因为早年曾在东北一起合作过很长一段时间，有很深厚的交情。赵先生人很随和，很风趣，比较喜欢笑。

犹记当年演出的盛况，有萧润增先生的《投军别窑》，萧先生还傍着张学海先生演的《追韩信》中的韩信，董先生的《徐策跑城》，还有和景荣庆先生合作的《打严嵩》，赵先生的两出折子戏《斩萧何》《明末遗恨·夜访》，还有他们四位合演的《四进士》，董先生的《头二公堂》、萧先生的《盗书》、赵先生的《三公堂》、张学海先生的《毛朋》。一连几天，场面非常轰动，反响非常热烈，也让我第一次感受到麒派在北方有这样的市场和观众基础。尤其赵先生这几出戏，极具独特性，是我之前从未见识过的。唱腔上的与众不同，以及舞台表演的张弛有度，一下子就吸引了我的眼球，给我留下非常深刻的印象，这也促使我 2002 年正式拜赵先生为师。

赵先生一生的从艺经历是传奇的，他出生在上海，父亲是上海滩著名的滑稽大王赵希希，7 岁拜黄胜芳先生为师，自幼成名，年少时就挑班演出。从艺数十年，遍访名师，除去麒派戏，他的红生戏受教于唐韵笙先生，念白戏多受益于白玉昆先生，老头戏宗的是刘汉臣先生，武生戏是师承杨瑞亭先生，而武净、连台本戏得到了赵松樵先生的传授，一生之中走南闯北，与诸多前辈老艺术家同台合作过。赵先生的戏路极其宽广，肚囊宽绰，不仅善演，还能编导，他的唱腔讲究以情带腔，俏丽而不花哨，表演上刻画人物入木三分，他所演出的每一出都根据自身条件，不断调整修改，锤炼打磨。

例如著名的《未央宫》，这是赵先生的代表作之一。这出戏是在唐派的《斩韩信》基础上整理改编的，赵先生早年搭过唐韵笙先生的班，向唐先生问过艺，这出戏原本的编排，场次烦琐，人物众多。赵先生希望能更精练一些，于是在剧情、唱腔、装扮等多个方面进行了大刀阔斧的改革，大胆创新，在内容上保留了核心剧情，将一出大戏浓缩成了一出 40 分钟的折子戏；在唱

2002年，在杭州师父家合影

腔上保留了核心唱段，根据自身的嗓音条件将唐派的腔麒派化，大胆设计改编加入了"清板"；在装扮上，唐派的韩信原本是红蟒、金踏镫、戴黑三、持宝剑，赵先生借鉴了小杨月楼先生的扮相，不挂髯口，俊扮，拿牙笏，他的盔头是自己设计的改良侯帽，又根据唐派蟒的样式纹饰，以及自己的喜好设计了麒麟蟒，这些都是非常独特的创举，那时赵先生才24岁。

赵先生常言：我一辈子"宗麒"，而不求"纯麒"，虽然我没能拜周信芳先生为师，是我的终生遗憾，但是反过来说，也给了我很大的空间，我不会被流派之名束缚，我可以按照自己的想法去做事。但是始终都要抓住周先生的演剧精神，那就是重人物，演人物，因为麒派就是一个人物派。要谁好学谁，适我者取之，择善而从。学戏与学习书画的道理相通，要临摹以师其迹，悟化以师其法。

其中最重要的是始终不忘自我，不以流派自我束缚，而是找到流派风格和自己艺术个性的契合点，再去通过各种手段配合自己，发挥自己的艺术能量，转化为富有流派特色与角色神韵的艺术魅力。

正如周信芳大师所言："在我不如人处学习，在人不如我处创造。"这也是赵先生在教我时始终向我灌输的思想，要多学，多看，多练，多创作；要以周大师创立的麒派为根基，演戏以演人物为主体，要理解人物，参透人物，再配合我们传统戏曲的各种表演手段加以创造，去体现，这样戏才会好看。

先生离开我们已经一年多了，回想起跟先生学戏时的点点滴滴，我很怀念先生，同时也感激先生对我的谆谆教导。

先生的这种"勇于创新，勇于开拓，广纳百家之长"的艺术精神值得我们所有后学者认真地学习和贯彻。

此文写在赵先生逝世1周年时，转眼赵先生已经离开我们5年了。可喜的是有诸多后学者，学习继承赵先生的表演艺术，把赵先生的经典剧目再次搬上舞台，让更多的戏迷朋友了解赵先生独特的艺术魅力。

2023年 增改

吾与吾师

一

郭德纲
德云社

一提到郭德纲,大家都知道我是说相声的。其实,我有三个工作:说书、唱戏、说相声。观众因为相声而熟悉我,但是如果在这三者之间排序的话,相声是排在第三位的。对我来说,唱戏是天下最快乐的事情了。

我在小班里唱戏

我从 20 世纪 80 年代末开始唱戏,唱了好几年。因为那时相声实在不景气,得吃饭,于是就开始搭小班唱戏。所谓小班,就是民间独立社团,不同于国营大型院团。民间社团,几十个人就可以成立一个剧团,四处演出。民间社团的演出比较广泛,几百人的剧院能演,百十个人的小剧场也能演,村子里的庙会能唱,县里的庆祝活动也能唱。凡是有人来请,就能去演。民间社团的演员,有的是专业院团里的闲散演员出来谋生计,有的是退休的老艺人,有的是戏曲学校的老师,也有一些唱戏的学员。20 世纪 80 年代末,为了生计,风雨漂泊,我就是跟着这种班社一块儿唱戏的。

当时演出范围主要是以天津、北京以及河北省为主。演出要求也都不太严谨,从剧种上来说,京剧、评剧、河北梆子我都唱。主办方需要什么戏,我们就给人唱什么,甚至一个故事唱了两天,观众突然想听京剧,我们也得改唱京剧。唱到半截,村领导说要听评剧,马上就得改评剧。评剧唱完了,村领导又来说,我明天想听河北梆子,连乐队同演员就都得改唱梆子!甚至有的时候,戏演半截儿,约戏的人说,我昨天看了一个电视剧好看,你们有这个戏吗?我们也得有。因为这种技巧对戏曲来说是必需的。

当年,很多老艺人都要具备这种演出的技巧。搭班演出,会的戏可能有二三百出,演完了还得卖票,怎么办?只好去买小人书、连环画,或者找一个说书的先生听故事。听完故事之后,按照故事人物来分,你是花脸,他是老生,他是青衣。上场门贴一张纸,第一场皇上和谁见面,第二场小姐要自杀……在提纲的基础上,台上完全靠演员自己发挥。六个人把一个故事唱够三个小时,观众要看得津津有味,并且愿意给你花钱,所以说这个东西是糊弄不了人的,需要有真能耐。我们会的是唱戏的技巧,而不是某一个剧目,这是根本区别。有一些演员可能会唱《玉堂春》或《秦香莲》,但他们会的只是那一出戏,而我们会的是唱戏的技巧,什么拿来都能唱。就如同厨师,我会的是炒菜,什么都能炒,而你只会熬豆腐,这是咱们的区别。

我当年什么都唱,因为这种剧团里不分行当,只有男活和女活之分,就算是老生也得会唱花脸,讲的是演人物不演行当。因为是剧团的演员,观众买票看的是演员,故事里的主人公就是演员。今天我们看《秦香莲》,故事主人公是包公,你就要唱包公,

郭德纲与师父合影

因为你是主演；明天演出《凤仪亭》，你就得唱吕布。你昨天还是大花脸，今天就得是小生，因为你演的是人物，观众是奔着演员来看的，什么都得是你。这种情况下，就要求班社里的演员肚囊宽敞，会的戏要多。传统观念里，作为专业院团的演员，只要求对某个剧种或流派的钻研，只精通几出戏就行。但在我们当年是行不通的，因为这样就没有了吃饭的资格。

赵麟童先生是我的师父

不管是说相声、说书、唱戏，都有很多前辈指点过我。但我拜师的只有三位先生：相声拜的是侯耀文先生，评书拜的是金文声先生，京剧拜的是赵麟童先生。很多人对我拜赵麟童先生为师有争议，其实补办的拜师仪式是很早就约定好的时间。当时商定的是在上海办一场老爷子的舞台生涯纪念演出，在这个演出的最后一天，把所有人都排上，我们一起同台唱《六国封相》，散戏之后就在台上举行拜师仪式。我拜师赵麟童先生不是为了沽名钓誉，我也没有沽名钓誉的动机，而是他确实是我在京剧上的师父。

先生在京剧上对我影响特别大，他在角色上的很多处理是让人想不到的。京剧本来是程式化的，可能大家都这样按部就班来表演，这也没有错，但也不会特别好。唯独赵先生不一样，先生博采众家所长，储存在自己心里，用的时候已经是自己的东西了，而不是单纯地模仿。这也跟他当年见过很多名家有关。我们这行还有句话，不怕能耐差，就怕眼睛穷。你没见过好角儿，你知道什么叫好角儿？没见过，你就成不了好角。我看过一个视频，1979年姚玉兰（杜月笙的夫人）接受采访时说过：小孩都很聪明，但台上的好角儿、老角儿他们没见过，就是老师怎么教的怎么来，这个是很可怜的。杜夫人说的我深以为然，你就吃过煮鸡蛋，乍一见炒鸡蛋就吓得不行，认为是外道天魔。只能说是无知。自从认识先生之后，我在舞台上的很多处理都有了显著的提高。认识先生之前，我也唱了很多年戏，但意思就是不一样，先生的戏，上品又讲究。

我第一次见先生是在1990年。当时的周信芳研究会组织了麒派的专场演出，到全国巡演。第三站就是天津，而我是天津人，当时来了很多麒派演员，给我印象最深的就是先生，先生当时演的是《未央宫》《斩萧何》《明末遗恨》，几出戏我没有都看全。作为一个相声学员，我有机会到后台看戏，印象里我去那天唱的是《斩萧何》，这是新编历史剧，不是传统剧目，是赵先生的代表剧目，他自编自导，唱、念、做、打都有自己很独特的东西。

演出结束，我到后台去跟先生聊天。和很多名家不同，先生风趣幽默。我对先生台上潇洒的风范也很是痴迷，很多演员演戏

上、下 · 郭德纲拜师仪式

过程中程式化的表演在先生身上全然没有，让人觉得他的表演太自然了。让我意外的是多年之后先生跟陶阳和其他人还提到过，说我1990年的时候在后台跟他聊天的故事。

在那之后我到处演出，也说相声。因为当年条件有限，去看戏只能去剧场，或者听个录音。自从互联网越来越发达之后，看到了很多先生的演出资料，越看先生的东西越喜欢。先生的麒派与众不同，他没有拜过麒派创始人周信芳先生，但却不影响他对麒派京剧的理解。20世纪80年代纪念周信芳大师的演出中，周家的子女说过一句话，"只有你演得像我父亲"，这是对先生最大的肯定。我一直很爱先生的艺术，在相声里也提到过先生，比如在《八大改行》当中，当然那是虚构的故事。据说先生听到时挺高兴，还跟浙江的媒体说，你们谁认识郭德纲，我们要见一见。

那会儿大概是零几年，正是德云社最忙的一段时间，那时我也惦记着能去见先生一面，但几次在杭州演出时间都错过了。后来，经陈少云先生的徒弟李炳宇介绍，终于找到了机会。我从南京演出结束后去杭州看望先生，虽然很长时间没见了，但是见面了还是觉得很亲切。我们一起聊天、说戏、吃饭。那么多年，兜兜转转，终于把关系又续上了。

好角不唱行当，演的是人物

其实京剧现在比相声难干，处境堪忧。唱戏的不怎么拿自己当角儿，好多看戏的倒是拿自己当角儿。

赵麟童先生是真正的角儿。前段时间，我翻看先生当年演出的戏单，很是感慨，文武老生黑红二净。关公、包公、济公，南派京剧的三公戏皆善，许仙、李逵、韩信、鲁智深，各种人物都能扮演。真是那句话，好角不唱行当，演的是人物。很钦佩先生的艺术，学周不死学，唱麒不傻唱。很多演员条件好、功底好，但一辈子都像个认真的大学员。

先生在台上从来不卖傻力气，有的演员从一上场就铆足劲，说是认真，但观众看着很累。演员要让观众有喘气的时候，自己也要有喘气的时候，三个小时的表演你都累得不行了，观众也受不了，演员应该松下来，也要让观众松下来。但是该铆足劲儿的时候，先生一定给你铆上劲儿，让人耳目一新，由衷感叹：这个地方太棒了，这个票钱值！这是一个艺术家聪明的地方。演员在舞台上不敢玩，也不敢歇着，那就不是个好演员，顶多只是一个卖力气的。我们老开玩笑说，你有这膀子力气，为什么不去搬家公司？

先生的父亲是当年上海著名的滑稽戏大王，先生家境富裕，上学都是坐黄包车。家人不希望他唱戏，希望他能做金融、做律师。但是很不幸，先生的父亲在40岁的时候中风，此后先生才不得不去唱戏，没想到一下就红起来了。先生年轻时辗转南北，四处演出，他的一生是富有传奇的一生。

他发展了麒派艺术，不同于有的先生学麒派，只是继承和保留。他年轻的时候不死学，会有自己的理解，认为有些地方有用，有些地方拖沓，他敢于剪裁。年轻的时候很多人称他为"赵大胆"，再经典的东西，他都敢动，实践证明先生是对的。先生宗的是麒派，但学的不是表面的东西，学的是麒派的精神。

想念先生

我特别喜欢先生的艺术，所以提出了希望拜先生为师，他想都不想就答应了。

我们约好了在上海举办先生的舞台生涯纪念演出，一起同台唱戏，散戏后举办拜师仪式，但世事无常，苍天不作美。一天，先生去检查身体，体检之后本来没事儿，站起来穿大衣的当口，就觉得人动不了了，赶紧住院治疗，本来身体有所恢复，但是有一天夜里又出现病情反复，到后来就不认识人了。

我和裴咏杰师哥，连同陶阳这些孩子一块儿去看望先生。他那时候已经不认识人了，什么都不知道，但是我一喊他，马上就有反应。我握住先生的手，他手就抓得特别紧，眼睛看着也说不出来，让人觉得很难过。那一刻，朗月清风悲韩信，残山剩水叹萧何。

2018年4月28日，先生离开了我们。处理完后事之后，又说到拜师这个事情，跟师娘也聊，跟师兄弟们也说，不管对于我或者先生来说，其实都是个遗憾，我们都希望能够把这个事情再弄圆满一些。我的拜师不是沽名钓誉，也不是指着先生狐假虎威，拜师是和先生生前已经约好的事情。2018年9月26日，在戏曲界的同行、专家、师兄弟们的见证下，我在浙江金华举行了一个仪式，补行了拜师的礼仪，算是把心愿了了。

师父离开了，为弟子者甚是想念。这几年，《六国封相》我唱了，《未央宫》我唱了，《寇莱公》我唱了，《封神榜》我唱了。这都是师父的拿手好戏。我的能力一般水平有限，但我希望师父的戏依然站在舞台上。那是老人家的心血，也是传统艺术中的瑰宝。修道者如牛毛，得道者如晨星。以弟子之心，向恩师致敬。

我会好好唱戏的。

2023年 增改

老头儿，我想您

李烜宇

浙江婺剧艺术研究院

郭师叔说要写一篇纪念师爷的文章，本有一肚子的话要说，却不知道从何说起了。与师爷相识是在2012年拜师少云先生前，由于师爷住在杭州，我离着近，师父命我去师爷家把拜师的事汇报给师爷，把我激动坏了。一直痴迷师爷的艺术，能见本尊真是太好了。与师爷通了电话，表明来意，他很爽快地就答应了。隔天我站在门禁前按响门铃，那平时只在音响里出现的如此熟悉的声音透过门禁话筒传来："喂，谁呀？"我说"师爷，我是小李"，"哦……哦……哦"，"咔"一声门便开了。这三个"哦"简直和台上的念白尺寸一样（师爷有时是个极其仔细的人，有时刚与他确认是否在家，要来看望他，按了门铃也得问了确认后再开门）。我上到三楼门一开，师爷那和蔼慈善还略带腼腆的笑容，一下子就让我没了拘束感。

和师爷初次相见的第一感觉是没觉得他是个近80岁的老人，思维、言谈新潮前卫，动不动就蹦出个网络词汇，当红的"小鲜肉"、流量明星也能说出几个，简直让我脑子转不过弯来。师爷很赞同我拜师一事，他说麒派艺术没有剧种、行当限制，当年周信芳大师也学了地方戏的很多优点，学戏不能受剧种、流派制约，要根据自身条件活学活用！这也是我到现在遵循的"艺术教条"。我们一直聊到深夜，这一面奠定了我们爷俩6年不断的感情。此后一有空闲我就跑去师爷家陪他聊天，向他求艺。

师爷19岁挑班，游历全国，集编、导、演于一身，演艺生涯中一起搭班合作过的有唐韵笙、赵松樵、刘汉臣、小王虎辰、尚长春等诸位前辈大家。他是我心中天才型的演员，他戏路宽广，工文武老生，善演黑、红二净。在东北巡演时除了演出麒派的代表作，还常演：《风波亭》《疯僧扫秦》前饰岳飞，后饰疯僧，《汉寿亭侯》（前部《失徐州》开始到《灞桥挑袍止》、后部《过五关》起到《古城会训弟》止），《走麦城》（包括封五虎、战襄阳、取樊城、刮骨疗毒、白衣渡江、败走麦城、玉泉显圣、黄忠带箭、哭灵牌、火烧连营、赵云救驾）前饰关羽，后饰黄忠，赶刘备赶赵云，《包龙图》（《打銮驾》《铡国舅》《落帽风》《断国太》《打龙袍》），《探阴山》饰包拯，《黑旋风李逵》饰李逵，连台本戏《怪侠欧阳德》饰欧阳德，《白蛇传》饰许仙，《野猪林》饰鲁智深……真所谓只有你想不到，没有他不会的。

我尤其喜欢听师爷说起和老先生们的趣事，说完都会总结一个道理，让我受益匪浅！有一回他就说在和唐韵笙唐老将搭班时，一天唐老将走过来跟他说："麟童，今天晚上我演《走麦城》换一个扮相，你看看合不合适。"师爷满是点头，到了晚上唐老将扮关公，戴了一个长的黪五绺，其他什么都没变，还是夫子巾，软靠褶蟒。散了戏，唐老将问师爷意见，师爷只能委婉地说："先生，也可能是我们对老爷传统的扮相看惯了，五绺有点不适应。"唐老将听了没说话，但隔天演出就改回戴黪三了。师爷说唐

李烜宇与师爷、师叔合影

　　韵笙先生那么大的角儿了，还勇于探索创新，并且能听取晚辈后生的意见，知错能改，这是多么难得的精神。他老笑称：我们这代人就是营养丰富。什么营养？艺术营养！见的看的太多了，所以学的也多！跟他聊天时，他老爱坐在自己的那张老躺椅上，跷着二郎腿，两手往肚子上一搁，大拇指不停地打转，偶尔还抖抖脚，太可爱了。

　　熟悉师爷的都知道他爱吃，讲究吃！而且无肉不欢，讨厌蔬菜，他说吃蔬菜拉嗓子！奶奶反驳，这是什么逻辑？有时奶奶炒了青菜年糕，他都要打开罐装肉松配餐，到最后一片年糕都不剩了，青菜还一片不少地剩在盘子里，奶奶也只得无奈嘟囔几句。师爷最爱吃的要数糖醋里脊，有时我们爷俩聊到饭点，由于奶奶上班，而他又不愿走动（师爷最大的运动量是坐着公交去菜市场买菜），一般都由我叫外卖，我都问："爷爷，今天咱们吃点啥啊？"他说："简单点，别太复杂。""糖醋里脊吃吗？""可以。""蛋黄鸡翅行吗？""好。""香酥鸭也叫一个吧？""好吧。"……一叫又是七八个菜，加上我也爱吃，正可谓爷俩同好，食逢知己千盘少。由于师爷之前一直在外演出，尤其在东北佳木斯一带和中俄交界处演出时间很长，他对西餐很有兴趣。师爷自己还能烧一手好菜，像罗宋汤、酱大排、笋干老鸭，有幸我都尝过！一次朱玉峰老师来看望师爷，饭间笑称："嘿！你能吃到老头儿一顿饭真是不容易！我跟他学戏两个月，一回没有，抠死了。"说罢都哈哈大笑，师爷也嘿嘿嘿地乐。

　　如果说吃是师爷一大爱好，还有一大爱好就是置行头。他说他这辈子挣的钱除了买房都置了行头，他说这是咱们演员的脸面，就像平常穿的衣服，只有自己的衣服穿着才合适，才能熟悉掌握各种材料特性，才能和表演融为一体。他谈到赵松樵先生就是从门上贴的门神汲取的灵感，根据自己身材条件研究出了"颜良"这一角色的扮相——扎巾额子、狐尾翎子、改良靠、海下涛。为"活颜良"大大增色！师爷喜欢自己设计服装，后期留下的回纹麒麟改良蟒就是学的唐韵笙先生的大云肩，由于他后期体形胖，就在蟒下摆位置单放麒麟或衬些回纹云纹，上下拉开中空，视觉效果上就不会觉得那么臃肿肥大了。而绣麒麟则是对大师的一种崇敬，对麒派的信仰。他还自己买髯口毛料，看着师傅打髯口，一讲"大花尾"（牦牛毛料一种）料子如何好，眼睛里就满是光彩。他置办的行头不计其数，把子箱就有三只，青龙刀四把……只是这些行头在特殊时期都被烧毁了，烧的时候门前的梧桐树都着了，每说到这儿他总是摇头，痛心疾首。

  2016年，师爷和奶奶来金华看我的新戏《郑义门》的首演，他对金华这个小城市非常喜欢，对我们剧院的条件设施也是大加赞赏，他说那时来金华演出还是在广场的大会堂，变化太大了。师爷看完戏后认真地写下一条条的修改意见，还准备在来年来金华给我说刚整理好的《鹿台恨》，天不遂人愿，他一病倒下再也没起来。从第一次带陶阳上师爷家到带郭师叔到师爷家，因为麒派得以相识，不可谓不是缘分。师爷原打算收郭师叔为徒，一起合作演出，虽然没能实现，但在金华补办的郭师叔拜师仪式也算是尽了他自己一片心意，弥补了一个遗憾。这次师叔举办纪念师爷的活动，就像他拜师时说的：以弘扬麒派艺术为己任，以慰师爷在天之灵！老头儿，我想您！

怀念赵麟童师爷

陶阳
德云社

  大概在 2008 年，我在师父家偶然听到一句老生唱腔，唱词是"晓行夜宿都要留心"。我一听，不夸张地说，浑身毛孔都张开了。我是第一次听到这样的行腔，是谁唱的？太好听了！抱着好奇的心态，上楼一看，原来是师父在看赵爷爷的《义责王魁》。师父问："怎么样？"我说："太好听了。"师父又给我听《未央宫》里流水板的旋律，字字入耳，节奏鲜明，余音绕梁，挥之不去。直到现在，我们这儿的演员都会唱"尊一声相国听端的"，足见赵师爷的艺术魅力。

  结识赵师爷是在 2013 年的春天，我由好友李烜宇（陈少云弟子）引荐，到杭州家中拜访了赵师爷。初见面，赵师爷给人的印象便是和蔼可亲，虽然穿着朴素平凡，但是言语、眼神、行动间又透出不一样的感觉。第一次去家里没怎么敢和师爷聊天，有些胆怯，只是听他讲一些演戏经历，梨园掌故。后来师爷问我，听说你会我的唱段？我老老实实答，会一段《斩萧何》。师爷说，那你唱我听听。我心里忐忑，想多展示展示，但是见到师爷本人，又不敢唱了。几次三番地鼓舞自己，最终唱了一段《斩萧何》的碰板："我流泪眼观流泪眼……"结果最后一句甩腔还唱错了，但是自己不承认，和师爷说是您录音唱得不太清楚。师爷听罢要我把录音拿来，大家一听，录音里唱得清清楚楚，其实是我自己没学好。师爷没再多说，叫我回去好好听一听，但他满意我唱的字儿、味儿，说比他剧团里的一些演员学得还像。想来师爷可能只是为了安慰安慰我，但是对于当时的我来说，心里多了几分信心，也是这一次为我之后跟师爷学戏开了头。

  和师爷学戏，先要感谢我的师父郭德纲先生，给师爷写信为我托付，真个是用心良苦。因赵师爷也是一名"纲丝"，很喜欢我师父，对我才另眼看待。

  每次去家里学戏我都会坐最早一趟车从北京去杭州，夜晚再坐最后一班回北京，为的是能够在师爷家里多待一点儿时间，能多学一些。到杭州基本是十点左右，师奶奶知道我的下车时间，会提前告诉爷爷，他都会放弃睡懒觉的时间，早起等我到家来。

  记得有一次，我从南京去杭州，大概八点到师爷家，想按单元门铃，但是我又怕师爷没起，怕吵醒他，在小区里挨到临近十一点才按响门铃。按往常都要等一会儿，这回很快就接通了。门开了，爷爷的表情不是很开心。我进屋一看，在放爷爷全本《楚汉争》的录像，但已经演到追韩信了，我就感觉情况不妙。爷爷略有点生气地说："我放好录像等你来一起看，结果我自个儿看了一出戏。"我急忙和爷爷解释。爷爷说："你师奶奶说你上午就到，要早点儿起的。"我又自责又感动，心情别提多复杂了。

  另外，还要感谢师奶奶对我无私的帮助和关照。因为之前几次去家里，爷爷只和我聊聊天，不怎么给我说戏，那时觉得可能是不喜欢我。后来师奶奶发微信跟我说："爷爷教戏有个过程，头几次见他，他肯定什么都不说，就是跟你闲聊，扯闲篇，哪怕他知道对方的目的是来学戏的，他也是如此这般。等他跟你聊够了，他也差不多琢磨透你了，才会给你说一点儿什么的。他肚子里东西很多，但不轻易示人，你若是真想学玩意儿，得花时间和精力。我看你来家后面几次，爷爷与你说什么，我听不懂了，估计那才算真正是给你说玩意儿了……"现在我也明白了，哪儿跟哪儿啊，上家来见个一两回就想学着戏。记得有一次在家吃饭，爷爷说："我们家那口儿跟我说，孩子来怪不容易的，让我别老跟你瞎聊，叫我给你说点儿戏。"

后来去家里，爷爷都是直接聊戏说戏，提前给我准备好剧本、谱子，然后沏好茶，边说边对照录像，为我改剧本，说细节。爷爷常嘱咐我："演戏要'知其然，知其所以然'，怎么改，为什么要这样改，自己都应当清楚。"做好案头工作后，才能开始说戏。

熟悉他的人都知道，他平时就不爱动，说戏基本不站起来。但有一次给我说《斩萧何》，爷爷一直是站着为我示范。师爷让我照着走一遍上轿的动作，我走完，他很不满意，跟我说："你这走的是萧何上轿吗？成萧何赶火车了。走那么快干吗？得踩着四击头的节奏走。"爷爷见说不明白，又重新给我示范。我看着他拖着那么胖的身子，反复给我走，心里很自责，从十一点开始说到两三点，都没顾上吃午饭。

晚上临出家门，杭州忽然变天，刮起了大风。爷爷见我只穿了一件单薄衬衫，便让奶奶去拿了一条围巾给我，能作披风，也能护着点儿脖子。奶奶拿给我，有点儿不好意思："这条是旧的，也没有洗一洗给你，你不嫌弃就戴上吧。"爷爷听罢，笑说："有就不错啦，别挑啦！"这条围巾我至今还留着，很珍惜。

后来的每次见面就是说戏，2016年10月，师爷来北京参加重阳节演出，我到后台看望，汇报演出情况，当面请益。看了我演出的录像，又抽空给我抠了《未央宫》的唱儿，告诉我"飞鸟尽，良弓藏"的"藏"字一定要归前鼻音，才能够出味道。那天他唱的《鸿门宴》，我搀着师爷候场，看着师爷登台演唱。说来也巧，这是我第一回在后台陪着他，看他演出，没想到也成了最后一回。

我的遗憾。

次月，我到杭州去看师爷，饭后师爷与我聊天，问我："《追韩信》你也唱了，《未央宫》《杀惜》这些你都唱了，你还有

2013年北京央视重阳节演唱会与师爷合影

什么想演的戏？"我说："有，但是我条件不好，有些戏唱不了，也拿不动。"师爷听后，很快接道："这样，我给你说一出应该没问题的，《鹿台恨》怎么样？这戏唱不多，主要是做派、髯口、吊毛，一些技巧，我看你都掌握了。你在家先跟我学会了，然后再把我接到北京，就在大栅栏找个能落脚的地方就好。有一周的时间我就可以给你把这戏搭起来。"我心里太开心了，不敢相信爷爷这么主动，我赶紧说道："太好了！您先帮我录个音，我回去听听，等来南京演出，到杭州待两天来家跟您学，学好了再接您去北京。"我记得很清楚，那晚师爷烧了三黄鸡，奶奶炒了几个菜，我们聊得很开心。临走又给我拿了吃的，爷爷笑着目送我下楼。我冲着师爷挥手，在高铁上想着爷爷主动提出要到北京来给我说戏，越想越高兴，开心极了，为了能学到戏，怎样都值得了。

2018年4月28日，赵师爷永远地离开了我们，我们的约定也成了我终生遗憾。4月29日我在北京演出爷爷的代表作《楚汉争》，前饰张良，后饰萧何。李烜宇在金华演出《徐策跑城》，上天竟如此巧合，冥冥之中让我们以这种方式送别了爷爷。那之后，我去爷爷家中看望师奶奶，按响门铃后，开门的是奶奶，这也是五年来第一次奶奶给我开的门。进屋后，家中的陈设布局变了，但是爷爷常坐的那把椅子仍然摆放在原处，一切好像不曾变过一样。

倏忽间，师爷离开我们已经五年多了。这五年里我演了很多爷爷您常演的和未完成演出的剧目，如《斩韩信》《斩萧何》《追韩信》《打銮驾》《背靴》《杀宫》《鸿门宴》《琵琶词》《义责王魁》《鹿台恨》《林则徐》《欧阳德》等。我非常想念您，还有许多未完成的愿望。真的，有时候经常梦见您的病好了，和以前一样跟我聊天、聊戏、讲笑话。您看着我演出的录像，给我指出问题，为我答疑解惑。您的声音、笑容，坐在椅子上谈古论今，这画面不知在我脑海中出现过多少次，是那样的真实。可一切……却也只能停留在想象中了。

书不尽言，言不尽意。孙儿唯愿您天国安好，我定当努力学习，继承您的做人和做艺，永远怀念您。

徒孙陶阳
2023年7月2日　写于北京

忆麟童

一

陈唯唯

　　麟童离开我们已经五年多了！我一直有一种时而恍惚、时而清晰的感觉，好像他还在家似的。鞋柜里依旧放着他的鞋，都用鞋套罩着，整整齐齐的，衣橱里也依旧挂着他一年四季的衣服，每年三伏天一到我都会拿出去晾晒过过风。我与他有时不经意地会在某个节点见上一面，记得那次看见他，非常清晰的五官面容，他不说话，乐呵呵地，我能看清他穿什么衣服，甚至我能感知他的体温，脸庞、双手都是温热的。一副要出门的样子，拿好出门用的小包，里面有老年手机、保温杯、手绢、皮夹、老年卡，戴好帽子，最后拿好拐杖，看看我，还是没有说话，好像一直在听我在说些什么。只见他缓缓地走向门口，像电影慢镜头似的。当我想上前帮他开门时，麟童已经手放在门把手上了，门开了，一团耀眼的白光瞬间炸开，笼罩了周围。我没看见门外的走道和楼梯，所有的景象好像都在白光中闪没，刹那间，我不知身在何处。思绪还在刚才的场景中，脑子里满是不解和疑问，怎么是这样？这是怎么回事？疑惑间，慢慢地我看见了吊灯和天花板，但思绪仍有几秒是卡顿的。等我顿悟似的清醒过来，几乎都来不及回味如此这般的经历是否就是"穿越"，或者是其他什么，一种悲伤的情绪瞬间已将我淹没。

　　我与麟童相识于1984年冬天，那是一次非常偶然的相遇。傍晚时分，我在单位的老师家串门，正聊天呢，进来一个人，穿了一件褪了色的蓝色拉链卫衣，手里拿了个火钳。单位老师向我介绍，这位是谁谁谁，著名……京剧演员！那时，我对京剧一窍不通，不知何为流派，更不知什么是麒派。脑子里仅有的对京剧的了解也只限于几出"样板戏"。所以我对本地的京剧演员除了盖叫天盖老，其他都不知晓。初次见面，我不认识眼前这位"名演员"，对他的尊姓大名感到陌生，只是看到他手里的火钳，心里有些好奇。原来他是来邻居家取一个"烧旺的煤饼"，以便回家生火做饭，那时液化气还是紧俏用品，大多数人家都是使用蜂窝煤的。他知道我在医院耳鼻喉科工作，就向我打听我们科室的蔡主任，因为说到了一个共同的熟人，原先的拘谨感顿消，我感觉这个"名演员"挺面善的，说话声音有腔有调，蛮好听的。记得那天我们聊了蛮长时间的，临走，"名演员"问我，蔡主任几时门诊？托我帮他挂个专家号，他准备去门诊"拜访"一下。就这样，我们算有了联系。

　　每周三下午，是蔡主任声学门诊时间，"名演员"都会如期而至。有时病人很多，他便会在我工作的教室坐一坐，有时晚上

51岁，生活照

有演出，就稍坐一下，马上走了。记得那时，他穿着一件市面上不太见的双排扣的"开司米"棕色大衣，每次临走时他都会从大衣兜里拿出一包话梅或其他零食，不容我推辞，说"给你磨磨牙"，放在桌子上就走了。蔡主任是杭城的京剧老票友，在文艺界有很多朋友和老熟人，他经常不经意间会告诉我一些有关"名演员"和老杭京的逸事。后来，我们的关系公开了，蔡主任才恍然大悟地明白过来。也因为他穿的这件大衣，当年，单位里很多人都认为我找了一位"华侨"男朋友。

就这样，每周三下午看"声学门诊"，渐成定规，我也吃了不少话梅和其他小零食，如果事情就这样仅仅限于看专家门诊，那我和"名演员"也就是两条平行线，再延续也不会有交集，情况的转折是在几个月之后。

1985年3月，受上海周研会之邀，麟童要去上海参加纪念周信芳大师诞辰90周年的演出活动。临行前，浙江京剧团在杭州胜利剧院公演。记得他那时排戏特别忙，我们也中断了每周三的见面。再联系上，是请我看戏，记得头一天的戏是《楚汉相争》，我第一次进剧场后台，看他化妆，看化妆盒里一支支的油彩跟皮鞋油似的摆着，看京剧团的演员们在后台进进出出忙忙碌碌，有几个面熟的人，一化上妆跟变了一个人似的。看那些个女演员，一个个浓妆重彩，漂亮得不得了。再看那些个京剧服装五颜六色，样式奇异，盔头、髯口、刀枪把子，新奇得不得了，看得眼睛都直了。快开演了，他让我去观众席看戏。我是第一次看京剧传统戏，什么也不懂，因为脑子里原来样板戏的印象根深蒂固，所以觉得台上的表演跟样板戏不一样，对照舞台上的剧情，记起了中学课本中有古文《鸿门宴》，"项庄舞剑，意在沛公"，哦，书本上的文言文内容在舞台上是这样呈现出来的？我觉得很好看啊，没有听不懂呢！第一次看麒派名剧，让我印象深刻。最后一天是他的大轴《未央宫》。因第一次公演，观众席座无虚席。我在后台看他化妆，发现不时有人过来，瞟视一下，走了。快开演了，我正想着去观众席看戏，麟童叫我给他拿茶杯，说"跟着我"，便向台口走去。我莫名其妙地跟着，在上台口，麟童接过茶杯，将少许水倒在地板上，然后厚底靴脚底蹭一蹭，对我说"这样可以防滑"。他在上台口站着，不时地从我手里接过杯子喝一小口水，还不时地闭嘴屏气从鼻腔里发出高频率的"怪音"。有人递过来一把道具椅子请他坐，他不坐，说，行头已经穿好，不能坐椅子的，不然会有褶皱，台上就不好看了。音响师拿来小话筒给戴上，马上就要上场，他已经站在二道幕边，又示意我想再喝一口水，"好了，你去下台口等我"。啊？！哪里是下台口？我分辨舞台周围的环境，走到乐队旁，鼓声、锣声已经响起，"韩信"表情"狰狞"地上台，我第一次这么近距离地看京剧舞台上的乐队，耳膜受到剧烈的冲击，那声音像是有100分贝以上的。我捂着耳朵逃离。麟童回到后台，不停地喝水，满脸都是汗，脱下的"水衣子"都能绞出水来。唱戏怎么会出这么多汗？我心想。这时，很多人过来与他聊几句，眼睛却在我身上上下不停地扫射，那眼神有点让我不自在。后来麟童执意送我回家，两人骑车先去湖滨知味观消夜，吃的是小笼包子，再加一碗"猫耳朵"。有老店员跟他打招呼："赵老板，今朝演啥个戏？""老戏唉。"赵老板？我有点纳闷。麟童告诉我，知味观和隔壁拐弯的海丰西餐社这两家的服务员他都很熟悉，这已经是第二代了，很多服务员的父辈他都熟悉，一些上点年纪的老服务员还是习惯称呼他"赵老板"，这是从前老百姓对京剧"角儿"的称呼，那时梨园行只有自己带团演出，搭班唱戏，自负盈亏，才能称作"角儿"。

4月份麟童要去上海演出，他邀请我去上海看戏。"好啊，去！"我当时好像没有犹豫纠结。"今天干吗不让我去台下看戏？"我问，"你们团里的人为什么老看我啊？""哈哈哈，"麟童乐了，"你今天是我的跟包。""什么跟包？""你今天给我拿茶杯就是我的跟包。""在后台，演员的茶杯别人是不能随便碰的，尤其主要演员，一般都是自己家里人拿着。""团里都不认识你，但知道给我拿茶杯的人，一定与我关系不一般，所以就好奇了。"啊，是这样！我莫名其妙地就这样给麟童做了一回"跟包"。那时也没想到，有了这个开头，后面我会真的成了麟童的"跟包"，并一跟就是三十几年！

麟童在上海给我写信，告知演出的时间地点，我们相约演出这天中午在淮海路妇女用品商店门口碰头，选择这个地点是因为我每次去上海都是住淡水路，那地段我比较熟。中午，我按时就戳在那里啦，好像边上还有个交通岗亭。等了半天，没来，等等，还没来，再等等，还是没来，我佯作逛商店，进出妇女用品商店都好几趟了，都过了约定时间个把钟头了，这叫怎么回事啊？我站在马路边，情绪不安起来……那年头，没有手机，无法联系啊！若他不来，我该怎么办？不能老傻等着啊！想起他住宿的地点是人民大舞台招待所，那就去那地儿问问，不行就耗到晚上，演出前去后台一定能找到他！我坐公交转过去，不远，人民大舞台是标志性建筑，非常好找，正要去招待所打听，忽听有人喊我名字，一看，麟童穿一件米色风衣，远远地招手过来。"怎么搞的？不是说好中午碰面的吗？我傻等了老半天！"我忍不住一阵劈头盖脸，见他笑嘻嘻道："中午临时通知，有领导宴请大家，不去不合适！""这不，刚一回住地我就出来了，准备找你去呢。"见到他了，我虽然嘴上不依不饶的，但心里已是高兴的感觉，听他这么一解释，也就不计较了。真的没有想到，上海的人民大舞台，后来竟然成为我俩的蜜月驿站！

麟童下午没有休息，带我在上海繁华的南京东路转悠，一路走，一路向我介绍上海滩各处老字号，基本都是吃的老字号，他特别门儿清。说起他小时候住的地方，兰德里、恒茂里，也说他的父亲，上海老滑稽艺人。他父亲当年走红时，家里有女佣，有包月的三轮车夫。那时母亲压根儿没想让他们几个小孩学唱戏，老太太那时的理想是想把她的子女培养成不是银行家，至少也是要坐写字间的白领。也说起他的小学老师,他上学读书时已经年龄偏大,个子高出同学一头,因晚上要唱堂会,早上经常上学迟到,但老师从不说他,还经常帮他补课。

麟童说起他的师父,黄胜芳,唱摔打花脸的,虽然不是很有名,但会很多戏,教了他很多戏,使他有了扎实的基本功。小时候一对一的师徒关系,使他对师父有一份很深的感情,师父早就不在世了,但麟童不管走到哪里,不管什么场合,"我师父黄胜芳"都挂在嘴上,记在心里,一生都不忘记。

为弥补中午的失约,晚饭麟童一定要请我吃西餐,上海那时淮海路上以及八仙桥附近有很多西餐店,店面不大,口味正宗,价格亲民,老百姓去西餐店吃个饭,稀松平常,不算回事。曾听麟童说有一家名叫"黄灯泡"的夫妻店,每天就炖一锅罗宋汤,放店门口,卖完就歇了。罗宋汤一直炖着,香气四溢,加上价格低廉,受周围老百姓喜爱,本来没有店名,因锅上头悬挂一盏大支光黄灯泡,大家口口相传,就叫"黄灯泡"了。究竟有没有这家"黄灯泡",我无从考证,但我喜欢这类接地气的市井故事,老听他说起,我就跟他打趣:要不等我退休后也卖罗宋汤,就摆在家门口夜市那里,靠近电影院旁支一口锅,上头也悬挂一盏大支光的黄灯泡,不用吆喝,就你这形象往锅旁一站,买卖肯定火!我们今天说卖罗宋汤,明天又说卖"油墩儿",过两天又会说卖葱包烩儿了,这都是他爱吃的,说完两人哈哈一乐。有时我俩意见不统一,我也会学《未央宫》吕后的口气:嘟!食指中指一并指他一下,他也会故作惊讶状:真不愧是麒派老生的老婆,做功这么好?这样的说闲逗笑,是我俩的日常。但,再模范的夫妻也会有意见不一致的时候,也会有争执和怄气的时候,我们俩有个约定:不管什么事,再不开心,允许有一个晚上的对峙和较量,人吃五谷杂粮,谁没有脾气呢?应该允许有一个宣泄和缓冲的过程,但过一晚上,冷战就要结束,第二天早晨,一定要互相开口说话,不能不理不睬,一方一主动,另一方往往立刻就会言和面悦起来,有效的交流和沟通,会让所有的不愉快烟消云散,对此,我俩屡试不爽。事实上,第一个开口的往往是我。

我和麟童年龄相差挺大的,他在大公鸡这头,我在小猴子那头,中间隔着两个生肖家族,世俗的观念里,这样的婚姻本身就先天不足,如果不是双方的坚持不懈,没有心有灵犀的知心知情,没有同心协力的珍惜爱护,很难一同走下去。夫妻之道,想明白了,就很简单,牵上手,就是一生一世,除了包容和理解,没有什么大的是非对错,毕竟,彼此都是对方心里惦记的人!问一问自己:你能为对方改变自己吗?如果回答是肯定的,这就够了!

2006年,麟童体检查出肾脏有个占位性肿瘤,当即考虑手术。因要尽量保留肾脏,做了部切,刀口有八厘米长,前后住院两个月时间。其实一般住院两周也可以出院回家休养，但考虑我在单位上班，不能在家陪伴护理他，所以尽量在医院多住一段时间，等身体恢复差不多了再回家，因此我也在病房里陪夜两个月。这样，我俩在病房里一起吃饭聊天的时间比平时要多得多。对于住院病人来说，家人的陪伴是至关重要的。住院那两个月，我们有说不完的话似的，麟童说："怎么住院跟谈恋爱似的？"以至于，每次一住院，他都要说："又要去谈恋爱了！"

麟童喜欢东亚饭店楼下的西餐馆，每次不用看菜单，他肯定是老三样：炸猪排、罗宋汤、香葱面包。我和麟童三十几年的相处，知道他生活中从不摆谱，一日三餐奉行简单不浪费原则，在外吃饭，每次一定会把剩菜打包回家。平时，唯一的嗜好也就是喝个茉莉花茶，而且都是买一级这个档次，每次泡茶，都有一层老茶梗子浮起。我说干吗不买特级的，也贵不了几个钱，可他不听。茶叶吃完，塑料袋还留着不肯扔。整理他的遗物时，有满满一纸箱的茶叶包装袋，我看着这一箱茶叶袋，眼泪就下来了。基本都是一级的，有些个特级的，我清楚，那都是我买的！

生活上麟童不仅"做人家"，还不讲究，按他的话"我不费这个脑子"。有次来我们医院看牙，不知怎么搞的，脚上穿了两只不同款式的鞋，"一只爹一只娘"，差点没把口腔科的大夫笑趴下。那次，搞得我很没"面子"，事后问他，他一脸无辜地说，"好像没有感到什么不合适呀"。为避免类似情况再次发生，我只好和他"约法三章"：凡是和我一起出门，凡是上我单位里来，凡是外出开会或家里有客人来，穿什么衣服和鞋要听我的，除此之外，穿什么随便他啦！就这样还不够，我经常还要电话追查："今天你穿什么？给你选好的衣服和鞋，看见没有？"有时候他会存心气我："今天不用你管，我光脊梁。"喀，日常生活中像这样的"囧"事还有好多，搞得我又好气又好笑，一点辙都没有。

这么一个生活中不讲究的人，在舞台上却特别讲究，对舞台上的事特别"计较"，是个台上要好看，台下无所谓的典型。他喜欢做行头，喜欢自己设计图案，对绸缎面料和颜色也很在行，一会儿想一个新式样：秋香绿的、紫红色的、皎月色的、宝蓝色的、粉紫色的，在做行头这件事上，他是一点都不"做人家"，他就是台上要好看，就是要有自己的私房戏服！

麟童舞台上和生活中是截然不同的两个状态，可以说是冰与火的两极。他说过，在台上他是不让的，甚至是"争强好胜"的，不管与谁同台，不管同台的是多有名的"角儿"，在他，都是不让的。他喜欢与在台上"铆上"的演员合作，只有角色之间的针锋相对，激情四溢，严丝合缝，才能体现最好的舞台效果。对于舞台，他有着深深的眷恋，对于观众，他有着千丝万缕、难以割舍的感情，他总是说，"杭州的观众对我很好""我要对观众好""要对得住观众"。他说一个演员在台上能看到前五排观众，那这个演员是有一定能耐的。他喜欢在台上与观众互动，恨不能用尽浑身解数把观众带入剧情之中，与剧中角色同呼吸、共命运。作为导演，他一定要考虑观众的感受，琢磨着想把传统老戏的精华留下，改编成当下受欢迎的京剧麒派戏。对于身后事也是郑重其事地交代：一定要登报，要和观众告别！他是把毕生对戏曲的热爱和对京剧麒派所有的梦想都献给了舞台，甚至可以用宝贵的生命去祭奠这个舞台！晚年的他，时常说起自己的身后事："如果是在唱戏时倒在台上，那就好了，让我慢慢闭上眼睛，咽下最后一口气，不要抢救，让我走，那是最最幸福的事了！"说话间，他的神情是平和安静的！

生活中，麟童全没了舞台上的张扬和亢奋，像变了一个人。呈现出他本来的样子，腼腼腆腆，陌生人跟前甚至很害羞，不爱说话，尤其不喜欢与不熟悉的人说话。喜欢安静，喜欢一个人待着，这种性格，好像并不适合演员这个职业，真不知道他在舞台上是怎么克服这种与生俱来的不适应的。

闲暇时，他就喜欢一个人看看书，琢磨琢磨剧本，一本《新华字典》被翻得破破烂烂，一旦兴致上来，一头扎在剧本里，他可以不吃不喝，连续工作，直至精疲力竭。他一直有种紧迫感，感觉时间不够用。晚年的他，"来不及了"几乎成了他的口头禅，字是越写越潦草，跟飞起来似的，别人根本看不清，我看也要靠猜。有时间他也喜欢涂涂抹抹，画几笔画，摆弄花花草草，可越到晚年好像越忙似的，这些爱好都搁置了。他最不喜欢参加别人的饭局，也不喜欢参加一些无关紧要的社会活动，如果主办方请他清唱，推不过去，他就临时应景地编几句词，多唱不唱，就四句，这样的次数多了，有人给他起了个外号："赵四句"。

也许是个性使然，也许是"角儿"脾气，平日里，但凡有点什么憋屈不顺心的事，他不会"拔剑对峙"，更不会"刺刀见红"，对方再嚣张，他总归是亦让亦退，绝不去争斗，也不作解释，最后慢慢自我消化。与他舞台上的"争强好胜"截然不同，充其量，带着一脸的不屑，最后淡淡地来一句"随他们去吧！"。

麟童7岁学戏，8岁登台，成名很早，20出头就是"角儿"了。早年师父的教导，青年时期足迹遍布大江南北，与老一辈艺人同台学艺，长年累月练就的舞台经验，以及他在剧本编导上的勤奋努力，造就了他艺术上的成就，使他年纪轻轻就获得了业界的肯定和观众的口碑。对于外界的种种赞誉和头顶上的光环，他始终能清醒地认识自己的不足和局限，很坚持地给自己定位为京剧艺人，对于表演艺术家这些头衔，他认为那是虚名，他不认！他崇拜盖叫天盖老的舞台艺术，非常敬重盖老先生，麟童生前的名片上没有任何头衔，就是京剧艺人四个字。墓碑上，按照他的意愿，也刻上京剧艺人四个字，就是向盖老学习，向前辈老艺人致敬！

华灯初上，餐桌上的烛台已被点上。顾客不多，这家西餐馆菜式和口味，我没有留下特别的印象，但记得餐桌的摆设绝对跟别处不一样：白色的桌布上面又铺了一块红白格子相间的桌布，加上银色的烛台，这在当时属于很时尚了，白色的餐具，分量挺重的餐刀、勺和叉，拿在手里沉甸甸的不听使唤……

麟童指着马路对面的"新雅"，说小时候父亲经常带他来此地"喝港茶"，父亲就带他来，那时他和大姐已经唱堂会，可以挣钱贴补家用，尤其大姐，负担了一大家人的日常开支，但父亲独宠他一人。晚上唱完戏，父亲带他坐黄包车回家，其他兄弟姐妹则由母亲领着，走路回家。麟童的回忆中，大姐对他特别好。他常说大姐对他们整个家庭贡献最大，没有大姐，就没有他的今天！除了父亲和大姐的宠爱，母亲在他心目中有着至高无上的地位，是他的精神支柱。我与麟童结婚前，曾有过一次坦诚的谈话，他说了三点，要我认真考虑。第一点，就是母亲的赡养问题，虽然他们兄弟三人，但除了他，其余都在外地，他作为兄长，必须负担母亲的所有日常。那时母亲已经检查出直肠癌，结婚后必须是跟我们生活，我没意见，同意。婚后，母亲与我们一起生活了近一年，老太太对这个儿子的喜爱是溢于言表的，麟童与老太太的交谈都是用老的杭州话：日中（中午），吉吉你（谢谢你），咋吱（昨天），诸如此类。每天都是麟童给老太太洗脸、洗脚，一日三餐地侍奉，从没有怨言。母亲是个非常开明、有主见、见过世面的老太太，依照她的自我评价，她在旧社会，就有新思想。这当然是指母亲年轻时，不顾家族的反对，毅然与父亲私奔上海的事。直到夫君在上海滩站稳脚跟，她才怀抱刚出生的大儿子，荣归故里。麟童经常讲母亲一生经历了很多事，她都是坦然处之，荣辱不惊，性格随和大气，唯一的"缺点"就是好面子，但凡有人上家里来，必须留下吃饭，不吃不行。其实，我知道，这不是她好自己的面子，是为了这个儿子，为了这个家族，老太太竭尽全力地"扎台型"。我和老太太似乎有一种莫名的缘分，我喜欢听她讲乌龙巷老宅的故事，听她绘声绘色地讲给全家人找盲人算命的故事。我也知道她尽自己所能地对我好，不想让我感到一丝委屈，一会儿吩咐上海的儿子给我买紧俏的凤凰牌自行车，一会儿又吩咐北京的儿子出国一定要给我买条项链。最后，为了弥补婆婆对儿媳妇见面礼的缺失，老太太把小儿子送给她的八十大寿的礼物红宝石戒指送给了我。第二点，是麟童告知他的身体情况，因年轻时在东北搭班唱戏，有约在身，生病也要上台的，落下了胸膜炎、支气管扩张等疾病，后来在那个特殊时期，由于精神上的折磨导致严重咯血，几度急诊。第三点是经济问题，麟童坦言，自己没有多少存款，除了几件老家具，没有其他的值钱东西了。这三点，被我称为婚前"约法三章"。我一直认为现代社会，物质上的获取相对还是容易的，难得的是人与人之间情感上的互联互信，同频共振。为了践行"约法三章"，为了省钱，我们自己买涂料，粉刷房间，自己买地胶板，

79岁，参加《钱江晚报》采访时留影

用自行车驮回家铺地板。为了追求新奇，我们把新房的墙涂成了紫罗兰色，记得麟童边涂边嘀咕："这个颜色，太资产阶级了！"当时我们不懂，这种"资产阶级"颜色极不稳定，非常容易氧化，半年后墙壁变成不紫不蓝了。结婚后，我们家一直没有彩电，就看十二英寸的黑白电视，我们自己没有感觉什么不合适，倒是别人上家里来，东看看，西瞅瞅，满脸的疑惑，就是不相信我们家没有彩电，直到1991年我们才拥有了一台彩电，那是麟童在北京的弟弟把回国大件指标赞助给我们，在免税店购买的。

晚上的戏大了，麟童是大轴，加上中场休息，等"韩信""带戏上场"已经是晚上十点以后了。前面的演出非常精彩，剧场气氛热烈，观众的热情已被点燃……中场休息，麟童给我一个任务，去休息厅和观众席听听大家的反映，听听他们对演员台上表现的反馈意见。休息大厅里特别热闹，剧场里的热烈气氛换作了观众的讨论争辩，大家对舞台上演员的表现议论纷纷，个个都如数家珍，好像人家什么底细都知道似的；有人大声发表自己的见解，以表达对某位演员的喜爱。我听得懂的，听不懂的，都尽量记着。后来这个任务成了我的习惯，每逢麟童演出，在剧场门口的海报前、剧场休息厅、观众席，我都会留意听听观众的反馈意见和议论，完戏回家，一一向"角儿"汇报。

舞台上演出正酣，"韩信"有一大段的核心唱段，中间有一小段"清板"，麟童说过，这是他出新的地方，不知上海观众是否接受。这里想起1990年周研会组织演出小分队巡演，在天津站，天津"一宫"剧场，那天的大轴《未央宫》，也是这段"清板"，只听台下有位大粗嗓子喊了一声"断弦啦？"引得观众席一阵骚动……大家都知道，天津戏迷的剧场参与度很高，与天津的煎饼馃子一样出名。麟童特别喜欢天津这港口城市，当年，他也是在天津这个"大码头"红起来的，他很想有机会再去天津，吃一顿煎饼馃子，要打两个鸡蛋，去南市转转，去劝业场看看，也一定会去剧场看戏，去听天津戏迷叫倒好！

麟童平时少言寡语和"不来事"的样子，会给别人留下"谱儿挺大""架子大"的印象，其实不然，他只是嘴上不说而已，心里特别记着别人对他的好。2001年8月，参加第三期麒派艺术研修班，教学《未央宫》和《明末遗恨》，因白天教戏，晚上整理、改编剧本赶稿，加上暑天饮寝不安，造成右侧面神经瘫痪，急送瑞金医院急诊。等我赶到上海，他已经确诊并得到及时的救治，上海戏校的领导派校医陪护就医，全熹老师、少云老师、小裴都在医院守着，直到深夜输液结束。第二天，萧润增先生的爱人幼莲老师非常热心，一直把我们夫妇俩送到火车站。2015年6月麟童突发脑梗，急诊住院，全熹老师得知，当即从南昌专程赶来探视，这些他一直记着。后来去上海，他还记得少云老师在瑞金医院附近给他买的盒饭好吃，非要再去吃一次。他常常念念叨叨告诉我，要记得别人的好,别人给你吃的"拳头"不要放在心上,过去就过去了,但别人给你吃的"馒头"一定不能忘记。对子女也是这样,想他们了,就会召集全家聚一聚,一起吃个饭,看看各个小家庭的情况,心也就放下了。用他自己的话,他是"热水瓶",外面冷,里面热。

他从不对我说些个好听的话,但他会记着我的喜好,知道我喜欢云南的姜花和夜来香,他只要看见,一定会给我买回家;知道我工作忙,电话多,老是拖班,晚上家里电话一响,他都不接的。"肯定是找你的,现在你比我红!"但每天都会做好晚饭等我回家;知道我喜欢喝稀饭,他会变着样地做地瓜粥、藕粥、红枣莲子粥;知道我喜欢吃蔬菜,他会琢磨哪种青菜好吃,虽然他从来不吃青菜,后来我感觉他炒青菜的水平快赶上我了,每每我表扬他"你炒的青菜太好吃了!",他一定来一句"少来这一套!",嘴上这么说,心里其实挺认可我的"这一套"。

时间过得太快了,这三十几年好像都是眼面前的事,怎么一晃就过去了?麟童住院期间,我特别抗拒有人来探视,来了,我也是希望最好看一眼马上就走。我想,如果他能表达,一定不希望大家看到他如此不堪的样子,我衷心希望大家看到的是他康复后的样子!他病得很重,需要治疗,需要保护。我们俩是相依为命的,就算他不能表达,他的原意我也自然懂得!原来我上班忙,几乎不去银行的,都是麟童去,现在麟童住院,我只好自己去了。柜台上的小伙子看看我说:"你们两夫妻很有意思,他的工资卡上的钱存在你的名下,你的工资卡上的钱又要存在他的名下?""你认识他?""认识啊,他每个月都来的,最近好久没来了。"后来,我不去这家银行了,怕他们问起他……原来家里电视整天开着,基本都锁定在中央戏曲频道,弦乐丝竹,笙歌燕舞,什么剧种的戏他都看,说是了解行情;现在,家里电视都不怎么开了,没法看,电视一开,满屏满屋都是回忆!2018年12月,德纲请我去上海看戏,我坐在观众席里,锣鼓点一响,不知道为什么,听着看着就流眼泪,想忍住,没用,止都止不住。有时,回家一开门,黑灯瞎火,清锅冷灶,终于明白,那个给我炒青菜做晚饭的人不在了!

我问麟童"我对你好不好?",他总是乐呵呵笑而不答,再问,还是笑个不停,"嘟!"终于哧哧笑道:"好像不怎么讨厌我……""那你对我好不好?"我得寸进尺,依旧是笑而不答,"必须得说!"他看看我,幽幽地说:"你是我前世修来的……"

舞台上,"韩信"誓死不做"汉家的奴",褪下了"汉家的袍",怒目萧何:"三次保本都是你,追我回来也是你,今日里,我命丧未央宫,又有你!你你你!"每次看《未央宫》,感觉麟童处理得都不完全一样,他一直在改动,他非常讲究这个戏的节奏,想方设法做到不拖沓，一气呵成！韩信为汉王定江山，忠心赤胆，所向披靡，身经七十余战，战无不胜、攻无不取，九里山一战，逼得那项羽自刎在乌江！然而，功高盖世有何用？韩信不甘哪！我，我也不甘哪！马上就退休了，本来可以有时间陪麟童出去走走看看，会会老朋友，看看画展，听听评弹，要不西湖边逛逛，我们家离西湖直线距离最多不过 300 米！平时却很少有时间！可如今！我心里有说不出的懊悔，是不是我早一点退休，情况就不会是如此这般啊？我最怕回忆他住院时的情景：他那么怕疼的人，却每天要忍受治疗所带来的痛苦，还不如像他所期望的那样：边歌边舞倒在舞台上。那样他会少受多少痛苦？真的盼望他能康复，若有一丝好转，都会让我兴奋不已，喜极而泣……明明知道半年是个"坎"，但最后一次的脑 CT 片，我一直不敢看，就是心里还存有希望，哪怕这个希望非常渺茫。随着病情的恶化，期望值一点点降低，人在就好！最后一点期盼成了生活的全部支撑！那些日子，麟童就像单枪匹马在悬崖边与死神殊死搏斗，而我只能眼睁睁地看着，束手无策，无计可施，拉不回他！一想起这些，心里就有十二万分的痛，眼泪就止不住！麟童也不甘哪！他哪里想到，一次平常不过的看病，怎么会一去回不来了呢？他又怎会想到，病魔的利剑会这么凶残，瞬间将他击倒，一把拖向万丈深渊！他怎么能躺在病床上呢，他这辈子就没怎么好好歇息过！有这么多的计划没有实施，有这么多的剧本要整理改编；他脑子里有这么多新点子、新想法还没来得及表述出来；他一直想搞连台本戏，他对现在舞台上的 LED 灯很感兴趣；他还计划想去苏州再制作几身行头；他本来已与德纲约好，师徒一起同台演出《六国封相》，演出完即行拜师仪式，他让我把唱词打印出来，他说好久不上台了，会不会忘词啊？一切都在积极准备之中，然而……

2018 年 4 月 28 日，凌晨，我在麟童耳边大声说着承诺、宽慰的话，心已被痛苦撕裂，空洞洞地随着监护仪上的氧饱和度一点点地往下坠……

1985 年 4 月 8 日晚 10 点以后，上海人民大舞台，"三齐王"手握竹刀，咬牙顿足，"罢啊、罢啊、罢！"转身自刎，"嗵"，一个"僵尸"重重地倒地，吕后娘娘高喊一声"相国善后！"剧终，大幕徐徐落下……

阳春三月，天气乍暖还寒，上海滩楼高风大。亥时已过，南京东路人流稀少，从黄浦江上吹来的阵阵冷风把人行道上的落叶连同白天的喧嚣闹腾荡涤得干干净净。麟童担心我赶不上末班车，执意送我，二人匆匆走着，谁都不说话，我脑子里还在想那个"僵尸"：这么直笔笔重重地摔下去，怎么受得了？又一阵风，落叶翻卷着在地面上打旋，伴着脚步沙沙作响，麟童抓起我的手，塞入风衣的斜兜里，刹那间，可以感受到那只手的敦厚有力，绵软温热……后来，一到冷天，我们经常手拉手再塞到他的外衣口袋里，我喜欢蹭他的手温……

麟童看了看四周:"今晚好像整条南京路都是我们的!"我也看了看他。为了送我,"韩信"脸上的油彩都没有卸干净:鬓角、鼻窝、下颌都有,薄暮里,倒更显出他那英气的侧脸。"我想把手一直放在你的手心里!"麟童听我说,眼睛亮亮的,把我的手握得更紧了……

2019 年大暑初稿
2023 年端午修改

83岁,杭州西泠桥畔留影

78岁，便装照